股票大作手操盘法

〔美〕杰西·利弗莫尔 — 著
曾柯杰 — 编译

台海出版社

图书在版编目（CIP）数据

股票大作手操盘法 / (美) 杰西 · 利弗莫尔著 ；曾柯杰编译. -- 北京 ：台海出版社, 2025. 4. -- ISBN 978-7-5168-4139-6

Ⅰ. F830.91

中国国家版本馆CIP数据核字第2025CB5373号

股票大作手操盘法

著　　者：〔美〕杰西 · 利弗莫尔　　编　　译：曾柯杰

责任编辑：徐　玥　　策　　划：周建林

装帧设计：尧丽设计

出版发行：台海出版社

地　　址：北京市东城区景山东街20号　　邮政编码：100009

电　　话：010-64041652（发行，邮购）

传　　真：010-84045799（总编室）

网　　址：www.taimeng.org.cn/thcbs/default.htm

E-mail：thcbs@126.com

经　　销：全国各地新华书店

印　　刷：水印书香（唐山）印刷有限公司

本书如有破损、缺页、装订错误，请与本社联系调换

开　　本：670毫米 × 950毫米　　1/16

字　　数：156千字　　印　　张：11

版　　次：2025年4月第1版　　印　　次：2025年8月第1次印刷

书　　号：ISBN 978-7-5168-4139-6

定　　价：49.80元

译者序

华尔街传奇大作手杰西·利弗莫尔

杰西·利弗莫尔，也许今天的人对这个名字略感陌生，但在20世纪初的美国，他可是华尔街响当当的大人物。

当时做股票买卖的风险巨大，既有人一夜暴富，也有人一夜返贫。大富豪与穷光蛋，有时候只在一念之间。在同时代的众多投资家中，杰西·利弗莫尔堪称领军人物。

1877年7月26日，杰西·利弗莫尔出生于美国马萨诸塞州的南艾肯顿。他的父亲是个穷光蛋，这让年幼的利弗莫尔常常挣扎在温饱的边缘。他梦想着有朝一日能出人头地、大富大贵，彻底摆脱贫困的泥沼。

为了实现自己的梦想，他背井离乡，前往波士顿谋生，终于在波士顿的潘恩·韦伯证券经纪公司的交易大厅找到了一份工作。

那时的股票价格是靠人工写在黑板上的，利弗莫尔的工作就是抄写股票行情，每周只能挣到5美元，整天都要在一块黑板上抄写不断变动的股票、债券和商品的价格。他兢兢业业且勤于动脑，渐渐察觉到这些价格的变化似乎存在某种规律。这促使他开始琢磨如何预测行情变化。

利弗莫尔敢想敢干，在午餐休息的空当里，跑到当地的对赌行实践自己的想法。他的上司告诫他远离那些“吃人不吐骨头的魔窟”，否则就走人。利弗莫尔最终丢掉了人生中的第一份工作。这也是他最后一次给别人打工。因为在此后的48年中，他单枪匹马闯出了自己的天地。

利弗莫尔凭借出色的眼光，在波士顿的对赌行中大显身手，以至于所有的对赌行纷纷禁止这个“神奇小子”入场。利弗莫尔不满足于小打小闹，在21岁时跑到了纽约，开始在纽约证券交易所做交易。

即使是天才也不可能总是一帆风顺。他亏掉了手中所有的资金，不得不靠借来的500美元从头再来。在23岁时他赚到了50000美元，却再次全部亏光。

1906年夏天正值股市牛市，股票价格大幅上涨，联合太平洋铁路公司引起了利弗莫尔的注意。他决定大干一场，根据波士顿·劳森给的内幕消息，卖空联合太平洋的股票。

这是他头一回从事大手笔投机买卖。当时他的财务压力很大，资金几乎全被联合太平洋股票套牢，但他坚韧地等待着。4月18日的旧金山地震让铁路大乱，联合太平洋铁路公司的股票一落千丈。利弗莫尔最终没有错过这次机会，获利多达250000美元，跻身百万富翁行列。

后来，利弗莫尔根据种种迹象判断牛市即将结束，于是在纽约交易所大做空头。1907年10月，美国银行危机爆发，整个金融市场陷入极度投机状态。美国第三大信托公司尼克伯克信托公司大肆举债，在股市上收购联合铜业公司股票，但这个做法失败了，引发了华尔街大恐慌。一时间，关于尼克伯克即将破产的流言四起。

银行纷纷收回贷款，股市暴跌，民众挤兑，几家大银行濒临倒闭，好不容易才让市场重归平静。美国也基于这次惨痛的教训，在1914年成立了美国中央银行，也就是简称美联储的美国联邦储备系统。这场股市危机让许多人狼狈不堪，利弗莫尔却每天都能赚好几万美元。其投资眼光之毒辣，操盘能力之出众，由此可见一斑。

但利弗莫尔平时很低调，深谙沉默的力量。他的低调和沉默是华尔街的一段趣闻。媒体总是急切地打探他对市场的看法，希望他能够坦露自己的交易秘密。但他一再拒绝谈论市场，任由媒体在谣言和臆断中捕风捉影。

当市场波动剧烈的时候，所有人都想听利弗莫尔的看法。许多人误以为他是凭敏锐的直觉大胆冒险的天才投机家。殊不知，利弗莫尔始终把投机视为一门严肃的生意，从来不靠撞大运。他从自己的错误中学习，也从其他投资家的失败中吸取教训。

利弗莫尔在交易过程中总结了一个重要的教训——绝不可凭内幕消息行事。他立志要找出更科学合理的方法来参与冒险。他致力于建立精确的价格分析方法作为预测价格变动的依据。在数十年的投资生涯中，利弗莫尔都不断完善自己的市场分析工具。这套工具让他在那个时代纵横捭阖。

第一次世界大战期间，利弗莫尔在钢铁和汽油股票上获得了巨大的利润。他准确地判断美国会从战争中捞取好处，工业会繁荣起来。到了1925年时，据说他的个人资产已经超过了2500万美元。他的资产包括一幢位于曼哈顿的漂亮公寓、一节自用的铁路客车车厢、一套位于欧洲的别墅、在纽约长岛北岸的一所周末住宅……他还拥有一架在那个时代极其罕见的私人飞机。

利弗莫尔的办事处位于赫克谢尔大厦的第18层。办公室里有反映最新价格的大型股市行情栏，约有60人紧盯着电话、电报以及股票行情自动收录器。这是那个时代最精致复杂的投资指挥中心，它负责向利弗莫尔提供股市动向的最新内部情况，甚至整个华尔街的最新消息。

除了股票，利弗莫尔在包括棉花、玉米、小麦的期货市场也得以大展宏图，据说他曾经一度拥有美国市场上所有的棉花存货。他事业的巅峰出现在52岁的时候，也就是1929年。

那一年，赫伯特·胡佛当选美国总统。从夏天到秋天，美国经济持续高涨，注入华尔街的资金越来越多。当时的人们把这段时间称为“好时光”。股票市场成为全国性的消遣娱乐场所，由小股民组成的大军，从银行里提出他们的几百美元存款进入股市。

经济形势好到难以置信的地步，可利弗莫尔并没有像众人那样盲目乐观。他广泛搜集金融报刊，并将自己的情报和报刊上的分析进行对比。他得出了一个可怕的结论——美国的工业和银行业即将走入困境。在这个背景下，美国的股票市场将会出现一个前所未有的大熊市，股票指数将会暴跌。

果然，1929年发生了股市大崩盘。但洞察先机的利弗莫尔通过巧妙的操盘，从中获利1亿美元，成为那场金融危机中为数不多的赢家。利弗莫尔此时拥有的财富，足够挥霍几辈子。但他仍然乐此不疲地做股市弄潮儿。不幸的是，利弗莫尔的好运结束了。

不知出了什么事，利弗莫尔从1930年开始走下坡路。到1931年年底，他财产的半数不见了。到1933年，剩下的另一半也不见了。

在大萧条时代之后，证券交易委员会对于卖空的规则作了许多修改，出台许多新规则限制利弗莫尔过去的操盘手段。

利弗莫尔日益落魄，不得不在1934年3月4日申请破产。他曾为自己的家庭买过信托基金，所以破产后的生活依然有保障，直到后来妻子离他而去，他才独自住进了四处漏风的公寓，过往的荣耀都烟消云散。

1940年，利弗莫尔完成并出版了《股票大作手操盘法》（*How to Trade in Stocks*，即本书的英文原作）。他在这部唯一的亲笔作品里分享了自己珍藏多年的投资秘诀。他曾经凭借自己发明的方法在股市叱咤风云，几次破产后又东山再起。遗憾的是，利弗莫尔最终在这年11月28日亲手结束了自己的生命。而这部充满商业智慧的著作，直到他去世后才大放异彩。

利弗莫尔曾经对自己的儿子保罗说："通过回顾我犯下的错误和总结我身上的弱点，你能够避免差不多每个交易员和投机客都会面对的种种陷阱。基本上大家都会陷进去，但是通过学习我在市场里所经历的成败，也许你能够成功。"

他所处的时代与今天相去甚远，但他的经验之谈对每一位有志于在股票市场交易中获得成功的读者都不乏启迪。

杰西·利弗莫尔大事记

1877年7月26日，杰西·利弗莫尔出生于美国马萨诸塞州的南艾肯顿。

1892年，15岁，在经纪行做抄写员。

1893年，16岁，第一次投机获利3.12美元。同年赚得人生中第一个1000美元。

1898年，21岁，赚得人生中第一个10000美元。

1899年，22岁，搬家到纽约，开始在纽约证券交易所从事股票交易。

1900年，23岁，亏掉全部资金，不得不带着借来的500美元回到对赌行中。

1901年，24岁，获利50000美元，但又全部亏光。

1902年，25岁，重新获得成功。

1906年春天，29岁，在对联合太平洋铁路公司股票的卖空中获利250000美元。

1906年夏天，29岁，听信了艾德·哈丁的消息，亏损40000美元。

1907年10月，30岁，在市场崩溃中放空，赚到人生中第一个100万美元。

1908年，31岁，听信了棉花大王佩斯·托马斯的建议，在棉花投机中失利。

1915年，38岁，在交易中获利145000美元。

1916年，39岁，投机技巧日趋成熟，获利3000000美元。

1917年，40岁，又再次在交易中获利1500000美元，并还清1914年的欠债，他给整个家庭购买了800000美元的信托养老基金。

1922年，45岁，接受埃德文·拉斐尔的访谈，后者以第一人称写出《股票大作手回忆录》(*Reminiscences of a Stock Operator*)一书，该书是最经典的股市投资作品之一。

1924年，47岁，在小麦期货中获利3000000美元。

1929年，52岁，达到了事业顶峰，在这年的股市大崩盘中获利1亿美元。

1934年，57岁，再度破产，但是没有人知道是怎么回事。不过因为持有信托养老基金，他并没有陷入贫穷，而是与妻子到欧洲旅游了20个月。

1940年，63岁，完成了自己唯一一部亲笔作品——《股票大作手操盘法》。11月28日，在公寓中自杀。

目录 CONTENTS

第一章

投机，一项需要诚心敬业的挑战

任何想要从市场中赚到钱的人，都应该正确地认识什么是“投机”。而关于这个问题，杰西·利弗莫尔的回答将超出你的意料。

投资者问

什么是投机？投机是不是最快赚到大钱的办法？

杰西·利弗莫尔答

投机是世界上最引人入胜的游戏。但是，这个游戏不适合愚蠢的人，不适合懒得动脑子的人，不适合情绪自控能力差的人，也不适合妄图一夜暴富的人。这些人若贸然卷入其中，到头来终究是一场空。

多年来，当我出席晚宴的时候，只要有陌生人在场，就总会有人走到我身边，稍作寒暄便询问："我怎样才能从市场中赚到钱？"

我年轻时会不厌其烦地向对方解释，期盼从市场中轻松地挣快钱是不切实际的，你会碰上这样那样的麻烦；或者想办法找个礼貌的借口脱身。近年来，我的回答就只剩下一句生硬的"不知道"。

碰上这种人，你很难耐得住性子。其他的先不说，对于一位已经对投资和投机事业进行了科学研究的人来说，这样的提问实在算不得什么恭维。要是这位门外汉朋友也拿同样的问题请教一位律师或一位外科医生："我怎样才能从法律方面或者外科手术上快快挣大钱？"那才叫公平。

话说回来，我到底还是确信，如果有一份指南（或者指路牌）为人们指出了正确方向，那么大多数有志于进行股票投资或投机的人还是愿意付出汗水和时间来换取合理的回报的。本书正是为这些人而写。

投资者问

你在本书中介绍了哪些好懂易学又能很快上手的投资秘诀呢？

杰西·利弗莫尔答

我的目的在于介绍我的投机生涯中一些不同寻常的亲身经历，其中既有失败的记录，也有成功的记录，以及每一段经历带给我的经验教训。通过这些内容，我将勾勒出自己在交易实践中运用的时间要素理论。我认为，这是对成功的投机事业最重要的因素。

不过，在展开下一步之前，请允许我预先警告你——“一分耕耘，一分收获”。你获得的成功将与你在自身努力中所表现出的诚意直接成正比。这种努力包括自己坚持做行情记录，自己动脑筋思考，并得出自己的结论。如果你还算明智，就不可能一边自己读《如何维持体形》，一边把锻炼身体的事交给他人代劳。因此，如果你真心要实行我的准则，就不要把做行情记录的工作假手他人。而我的准则的核心是将“时间”和“价格”两个要素熔于一炉，关于这一点我会在随后的章节里逐步阐明。

我只能领你入门，修行靠你自己。如果你借助我的引导，最终有能力在股票市场上获利，我将倍感欣慰。

本书的读者对象不是普罗大众，而是特定的人群。这部分人往往表现出一定的投机倾向，我要向他们讲述我在多年的投资和投机生涯中逐步积累的一些观点和想法。无论是谁，如果天性具有投机倾向，就应当把投机视为一门严肃的生意，并诚心敬业，不可以自贬身价，向门外汉看齐。许多门外汉会不假思索地把投机看作单纯的赌博。

如果“投机本质上是一门严肃的生意”这个观点是正确的，那么所有参与此项事业的同行都应该下决心认真学习，尽己所能地充分发掘现有的数据资料，把自己从这项事业中领悟到的思想和观念作为个人最高的精神指导。在过去的40年[①]中，我始终致力于把自己的投机活动升华为一项成功的事业，不仅已经发现且仍在继续发掘一些适用于该领域的新法则。

我记不清自己在床上辗转反侧了多少个夜晚，反省自己为什么没能预见一段即将到来的行情，第二天一大早，我就带着一个新想法醒来。我几乎等不及天亮，就急于通过历史行情记录来检验新想法是否有效。在绝大多数情况下，这样的新想法都离百分之百正确相差十万八千里，但是，其中或多或少有些合理成分，而且这些合理的成分日积月累进入了我的潜意识中。之后，又会有其他想法在脑海中成形，我同样会立即

---

① 英文原版书首次出版于1940年。

着手检验它。

随着时间的推移，各种各样的想法越来越清晰和具体，于是我逐渐能够开发出成熟的新方法来记录行情，并将其作为判断市场走向的指南针。

投资者问

仅仅是改变记录行情的方法，就能在投资市场找到赚钱的绝招吗？

杰西·利弗莫尔答

令我满意的是，我的理论和实践都已经证明，在证券市场或商品市场的投资或投机事业中，从来没有什么全新的东西出现，任何方法或规律都万变不离其宗。在有些市场条件下，我们应当投机；同样肯定地，在有些市场条件下，我们不能投机。有一条谚语再正确不过了："你可以赢一场马赛，但你不可能赢所有马赛。"市场操作也是同样的道理。有时候，我们可以从股票市场投资或投机中获利，但是，如果我们日复一日、周复一周地在市场里打滚，那么就不可能始终如一地获利了。只有那些有勇无谋的莽夫才会如此认为，但实际上这根本不可能发生，也永远不会发生。

为了投资或投机成功，我们必须对某只股票下一步的重要动向形成自己的判断。投机无非就是对即将到来的市场运动的预测。为了做到准确预测，我们必须有一个明确的依据。举例来说，在公布一则新闻后，你必须站在市场的角度，独立地分析它可能对行情造成的影响。你要尽力预测这则消息在一般投资大众心目中的心理效应——特别是那些与该消息有直接利害关系的人的心理反应。

如果你从市场角度去判断，它将产生明确的看涨或看跌效果。此时千万不要轻信自己的看法，一定要等到市场变化本身证实你的观点是正确的之后你再在自己的判断上签字画押，因为它的市场效应未必如你倾向的看法那样明确。从本质上说，我们只需要回答两个问题：一个是“是怎样”，另一个是“应怎样”。为了便于说明，我们来看下面的一个实例。

交易案例

市场行情已经沿着一个明确趋势方向持续了一段时间，一则看涨的或看跌的新闻可能不会对市场产生丝毫影响。当时的市场本身可能已经处于超买或超卖状态，在这种情况下，市场肯定会对这则消息视而不见。此时，你必须完全抛弃自己对市场的个人看法，全神贯注地关注市场本身的变化。观点可能千错万错，但市场永远不会错。

对投资者或投机者来说，除非市场按照他们的个人意见发生变化，否则个人意见一文不值。今天，没有任何人或任何组织能够人为制造行情或阻止行情。

某个人也许能够对某只股票形成某种意见，相信这只股票将要出现一轮显著上涨或下跌行情，而且他的意见也是正确的，因为市场后来果然按照他的观点发生了变化，但即便如此，这位仁兄依然有可能因为急于按照自己的判断行动而赔钱。他相信自己的意见是正确的，便立即采取行动，然而他刚刚进场下单，市场就走向了相反的方向。行情越来越胶着，他也愈加身心俱疲，于是平仓①离场。

或许过了几天后，行情开始好转，他再次杀入，可是他刚一入市，市场就再度与他的操作背道而驰。祸不单行，这一次他又开始怀疑自己的判断，于是他又把头寸②割掉了。终于，行情启动了，但此时的他已经因为之前太操之过急连犯两次错误而失去了勇气。也许他已经在其他地方另下了赌注，无力再增加头寸了。总之，欲速则不达，等到这只股票行情真正启动的时候，他已经出局了。

---

① 平仓：是商品期货交易的术语，指的是期货买卖的一方为对冲以前买进或卖出的期货合约而进行的成交行为。平仓是在股票交易中，多头将所买进的股票卖出，或空头买回所卖出股票行为的统称。

② 头寸：在证券、股票、期货等金融交易中经常用到，也称为“头衬”，就是款项的意思，指投资者拥有或借用的资金数量，是金融界的流行用语。比如，银行把当日全部收付款中收入大于支出款项的情况，称为“多头寸”；如果付出款项大于收入款项，就称为“缺头寸”；到处想方设法调进款项的行为则称为“调头寸”；如果资金需求量大于闲置量时则称为“头寸紧”。

投资者问

那么，我们怎样做才不会错判市场行情呢?

杰西·利弗莫尔答

我在这里想强调的是，如果你对某只或某些股票有明确的看法，千万不要急着一头扎进去，而是要从市场出发，耐心观察股票的行情走势，从中找到下一步行动的依据，然后伺机而动。

打个比方，某只股票当前的成交价为25美元，并且在相当长的时间里维持在22美元到28美元的区间里。假如你相信这只股票最终将攀升到50美元，也就是说，现在它的价格是25美元，而你认为它应当上涨到50美元。那么这时且慢行动，一定要保持耐心，要等这只股票活跃起来并创新高后（如上涨到30美元）你再行动。

因为只有到了这个时候，你的想法才被市场证实是正确的。同时也表明了这只股票已经进入强势的上涨状态，否则根本不可能达到30美元的高度。而这时才是你为自己的意见“签字画押”的时候。

你虽然没有在25美元的时候买进股票，但绝不要为此感到烦恼。如果你真的在那个价位买进了，那么结局很可能是这样的：你等啊等啊，被折磨得疲惫不堪，早在行情发动之前就抛掉了原来的头寸，而正因为你是以较低的价格卖出的，你可能会悔恨交加，并且在后来应该再次买进的时候却没有买进。

我的经验向我证明，真正从投机交易中得来的利润，都来自那些一开始就盈利的头寸。接下来，我将列举一些自己的实际操作案例。你会从这些案例中注意到，我通常会选择一个关键的心理时刻来投入第一笔交易，因为这个时刻的市场上升势头非常强劲，而且后面它将径直继续向前冲去。这只股票之所以继续向前冲，不是因为我的操作，而是因为它背后这股力量实在强大，它不得不向前冲，也的确正在向前冲。

投资者问

然而一般人往往是沉不住气的。你之前有没有过冲动交易的情况呢？

杰西·利弗莫尔答

我也像其他许多投机者一样，曾经多次缺乏足够的耐心去等待那种百发百中的时机，我也想每时每刻都持有市场头寸。你可能会问："你有那么丰富的经验，怎么还能让自己做出这样的傻事呢？"答案很简单，我是人，同样拥有人性的弱点。要知道，投机交易就像21点[①]、桥牌等扑克牌游戏，或其他类似的玩法，赌博性质极大，充分利用了人性的弱点，很容易让人失去耐心，失去理智和判断力。

人性的弱点在投机交易中体现得淋漓尽致，例如，每一次轮流下注时，我们都想赢。这个弱点在某种程度上几乎成了投资者和投机者的头号公敌。如果不克服这个弱点，那么它最终将导致我们的投机事业一败涂地。

此外，满怀希望是人类的显著特点之一，而担惊受怕则是人类的另一个显著特点。然而，一旦你把希望和恐惧这两种情绪搅进投机事业，就会面临一个极可怕的危险——你会被这两种情绪搅得几乎窒息，从而颠倒了它们的位置——在本该诚惶诚恐的时候满怀希望，在本该满怀希望的时候却诚惶诚恐。我试着举例说明。

交易案例

你在30美元的价位买进了一只股票。第二天，它很快急拉到32美元或32.5美元，你马上变得惊恐不安，担心如果自己不把利润落袋为安，第二天就会眼睁睁地看着它化为乌有。于是你就卖出平仓，把这一小笔利润攥在手里，然而此时恰恰正是你该享受世界上一切希望的时刻！

这2点[②]利润前一天还不存在，你现在为什么要担心失去这2点的利

---

① 21点：又名黑杰克（Blackjack），是一种起源于法国的扑克牌游戏，有着悠久的历史。该游戏由2~6个人玩，使用除大小王之外的52张扑克牌，游戏者的目标是让手中的牌的点数之和不超过21点并且尽量大。

② 译者注：本书描述股票报价时，1点指1美元；描述商品报价时，根据不同情况，1点可能指1美分。

润呢？如果你在一天之内能赚到2点的利润，那么下一天你可能再赚2点或3点，下一周或许能多赚5点。

只要这只股票的表现对路，而且市场也对路，就不要急于实现利润。你明白自己是正确的，因为如果做错了，你根本就不会获得利润。让利润驰骋吧，你与它一同驰骋，也许它最终会发展壮大成一笔很可观的利润，只要市场的表现没有出现任何会引起你担心的迹象，那么你就鼓足勇气，将自己的信念坚持到底。

下面再来看看相反的情况。

假定你在30美元买进某只股票，第二天它下跌到28美元，账面显示2点的亏损。你可能不会担心第二天这只股票可能继续下跌3点甚至更多，也许你只把当前的变化看作一时的反向波动，相信第二天市场肯定还要回到原来的价位。

然而，这恰恰是你应该提心吊胆的时候。在这2点的亏损之后，有可能雪上加霜，第二天再亏损2点，下周或下半个月或许会再亏损5点或10点。因此如果你当时没有止损出市，那么后面可能会被迫承担更大的亏损，所以此时正是你应当卖掉股票止损的时刻，以免亏损越滚越大，变成积重难返的大窟窿。

投资者问

有没有什么办法能以最小的代价避免重大的亏损呢？

杰西·利弗莫尔答

利润总是能够自己照顾自己，亏损却永远不会自动了结。投机者必须对第一次小额亏损采取止损措施，以此来确保自己不会蒙受巨额损失，为自己的账户保留一线生机，方便有朝一日，当他心中形成了某种建设性的想法时，卷土重来，还可以再开立新头寸，持有与过去犯错误时同等数量的股票。

投机者不得不充当自己的保险经纪人。而确保投机事业持续进行的唯一出路是：小心守护自己的资本账户，绝不让亏损大到足以威胁未来操作的地步。留得青山在，不怕没柴烧。一方面，我认为成功的投资者或投机者事前必定总是有充分的理由才入市做多或做空的；另一方面，我也认为他们必定会根据某种形式的特定指南来确定首次入市建立头寸的时机。

请允许我重复一下，在特定条件下，市场运动的确正处于方兴未艾的展开过程中，我坚信，任何人只要具备投机者的本能和耐心，就一定能设法建立某种准则，借以准确地判断什么时候可以建立初始的头寸。成功的投机绝对不是什么单纯的猜测。想要获得持续不断的成功，投资者或投机者就必须掌握一定的判断准则作为指导。

投资者问

这么说来，你已经掌握了某种判断准则。是不是掌握了它，就能在市场上无往不利呢？

杰西・利弗莫尔答

我采用的某些准则可能对其他任何人都没什么价值。为什么会这样说呢？因为虽然这些准则对我可能具有不可估量的价值，而你运用它们却不灵，甚至会亏损。这说明了一个什么问题呢？股市中没有万能准则，任何一个准则都不能做到在任何时间、任何情况下或被任何人运用都百分之百准确。

如果我运用的某种准则是自己的独门功夫，我当然明白结果会变成什么样。如果我买的股票没有出现符合我预期的那种情况，我马上就能够断定时机尚未成熟——因此，我会果断了结头寸。也许过几天后，我的准则又指示我应该再度入市，于是我便再次入市，或许这一回它能百分之百地正确。

我相信，只要愿意花时间和精力去研究价格运动，任何人都可以在合理的时间内建立自己的判断准则，而这些准则将在他们未来的投机或投资活动中为他们提供帮助。在本书中，我分享了一些观点，这些观点在我的投机操作活动中具有很高的价值。

很多交易者会自己制作股票平均指数图表。他们翻来覆去地反复推敲、琢磨这些图表，希望能够从中寻找到规律或未来趋势的走向提示。但就我个人的看法，图表从来就没有多大作用。我认为它们往往太过复杂，且毫无规律，看过后会令人对行情更加困惑。因此，我自己更倾向于做行情记录，并且我的狂热程度跟画图表的交易者相比没什么两样。

我之所以偏爱自创的行情记录方式，是因为它能够让我清楚地了解当前正在发生的行情变化经过。而只有当我把时间要素再纳入通盘考虑之后，我做的行情记录才能够真正地帮助我判断出未来即将出现的重大行情变化。我相信，通过坚持做行情记录，并综合考虑时间要素（我将在后文详细解释这一点），我们就能十分准确地预测未来的市场趋势变化，尤其是重大的变化。不过，在做行情记录的时候，要注意以下几点：

首先，你要熟悉一只股票，或者不同类型的股票。

其次，你一定要亲自做行情记录。你必须亲手填写数字，不能让他人代劳。因为在亲力亲为的过程中，你会惊讶地发现，自己竟然也能做到灵感如泉涌。

最后，要提醒你的是，没有人能向你传授这些判断股票走势的新思路，它们是你自己发现的，是你的独门秘籍，因此你应该学会敝帚自珍，让它们成为你的不传之秘。

做到这几点后，如果你能结合自己做的行情记录正确地推算时间要素，那么你就迟早能够判定重大市场变化降临的时机。如果你能正确地解读行情记录，那么你就能在任何类型的股票中找出它的“领头羊”。

投资者问

当我们研究行情记录，使用自己总结的方法来投资时，会不会在实践中碰到新问题？你有什么忠告要分享给大家吗？

杰西·利弗莫尔答

我在本书中为投资者和投机者提出了一些千万不要做的禁忌事项，其中一条主要原则是，绝对不可以把投机冒险和投资活动混为一谈。很多投资者之所以屡屡遭受巨大亏损，没有别的原因，只是因为他们一开始就抱着投机的念头来买股票，从而付出了代价。

我们经常听到一些投资者这样说："我用不着担忧股票行情的波动，也无须担心经纪人催着我追加保证金，因为我从不投机，我买股票就是为了投资，如果它们的价格下跌，迟早有一天会重新涨回来的。"

这些投资者当初买进股票的时候，相信这些股票的投资价值非常好。然而不幸的是，随着时间的推移，这些股票的基本面后来都遭遇了剧烈波动。自此以后，这些投资者所认为的"价值型股票"往往会转化成纯粹的投机型股票，甚至其中的一些股票已经不复存在了。像这种股票价值发生根本性变化的情况，与投资者的投资初心严重违背，那么也毫无疑问，这样的投资会令投资者血本无归。

之所以遭遇这种情况，是因为投资者当初在买进股票时没有想清楚，这些股票的价值将来是会面临多种新情况的考验的，而这些新情况恰恰有可能会影响股票的走势，令其由向上的盈利变为向下的亏损。而投资者想要做到提前弄清楚股票未来的走势，那也是不可能的，等你弄清楚了，往往也意味着它的行情结束了。

因此，成功的投机者在其投机生涯中总是如履薄冰地对待自己的每一次投机交易，投资者对这件事也同样不能疏忽大意。如果能够做到谨慎对待每一次股票交易，那么，那些自称为股票“投资者”的朋友，将来就不至于被逼万般无奈地变为投机者了。而同时，他们的信托基金账户也就不至于贬值太多了。

你一定记得，直到几年前，人们都还觉得把钱投资在纽约、纽黑文和哈特福特铁路公司比存到银行安全。接下来，我们一起来对比一下。

交易案例

1902年4月28日，纽约、纽黑文和哈特福特铁路公司的股票成交价格是每股255美元。1906年12月，芝加哥、米尔沃基和圣保罗公司的股票成交价格是每股199.62美元。同年1月，芝加哥西北公司的股票以每股240美元的价格成交。同年2月9日，大北方铁路公司的股票以每股348美元的价格成交。当时这些公司统统都在派发丰厚的红利。

今天[①]我们再来看看当年这些“投资型股票”吧。1940年1月2日，纽约、纽黑文和哈特福特铁路公司的股票价格是每股0.5美元；芝加哥西北公司的股价则位于5/16[②]，大约每股0.31美元；大北方铁路公司的股票

① 这是指1940年。
② 译者注：在传统的美国金融市场报价中，常用1/2、1/4、1/8、1/16和它们的倍数作为小数点以下的报价方式，股票报价1点等于1美元。因此这些都是1美元以下的报价，分别相当于0.5、0.25、0.125、0.0625美元。

报价则是每股26.6美元。当天没有芝加哥、米尔沃基和圣保罗公司股票的报价，但是在1940年1月5日，它们的报价是每股0.25美元。

我能轻而易举地继续列举数百只与上述情况类似的股票，它们当年红极一时，被看成金边投资，但今天它们的价值却所剩无几甚至一文不值。就这样，伟大的投资一落千丈，那些投资者只能眼睁睁地看着巨额财富不断流失，最终化为乌有。

虽然股市投机者赔钱是常有的事，然而我也相信，下面这种说法也是经得起推敲的，那就是：与那些抛开头寸不管的所谓投资者亏掉的巨额资金比起来，其实单纯在投机活动中亏掉的金钱不是更多，而是更少。

投资者问

你的意思是，那些放长线钓大鱼的投资者，有时候还不如像赌徒一样碰运气的投机者明智？

杰西·利弗莫尔答

依我之见，这些投资者才是真正的大赌徒。他们押下赌注，就一条路走到黑。如果赌错了，他们就会输得什么都不剩。而投机者可能会在这些投资者买进的同时也跟着买进，但是，如果投机者还算明智（平时一直在坚持做记录），那么他会意识到危险的信号正在警告他，所有的地方都不对劲。如果他马上采取行动，那么就能将亏损控制在最低限度之内，等待更有利的时机重新进入市场。

当一只股票的价格开始下滑时，没人能讲清楚它到底还要跌多少。在一轮普遍的上涨行情中，同样也没有人能猜中一只股票的最终顶部在哪里。

鉴于股票市场的上述特点，请你把以下几个要点铭刻在你的大脑中最突出的位置。

第一个要点：绝不要因为某只股票看起来价格过高，就把它卖出去。你可能看到一只股票从10美元上涨到50美元，便认定它的成交价格已经高得离谱。此时，我们恰恰应该研究判断，有没有任何因素可能阻止这只股票在盈利状况良好、企业管理层出色的条件下，从50美元开始，继续上涨到150美元。很多人看到某只股票已经经历了长期的上涨行情后便认为它的价格“看上去太高了”，于是就抛空这只股票，结果其后面一路长虹的走势令这些人又后悔不迭。

反过来说，也绝不要因为某只股票从前一个最高点大幅下滑就把它买进来。这很有可能是一轮基于某种很充分的理由才形成的大幅下跌趋势。以公平的价格来看，即使该股票当前的价位看起来似乎比较低，它基于后面的趋势而言也有可能处于极端的高位。因此，尝试忘掉这只股票过去较高的价格区间，根据“时机”和“价格”二要素相结合的利弗莫尔公式来重新审视它吧！

很多人可能会惊讶地发现，在我的交易方法中，当我从行情记录上发现某只股票的上升趋势正在展开后，我会先等股价出现正常的向下回撤后，在股价走势创下新高时马上买进。当我卖空的时候，也采取同样的办法。其中的道理何在？我的行情记录发出的信号——行动！

我从不在市场向下回撤时买进做多，也绝不在市场再度往上反扑时卖出做空。

第二个要点：如果你的第一笔交易已然处于亏损状态，那么就绝不要再继续跟进，否则你会为你的执迷不悟付出代价。“绝不要妄图摊低亏损头寸。”一定要把这个想法深深地铭刻在你的脑子里。

本章小结

杰西·利弗莫尔反对把投机或投资当成纯粹的赌博，否定了所有想从股票市场赚快钱的想法。他主张把投机或投资当成一门严肃的生意去研究，即成功的投资者必须学会“自己坚持做行情记录，自己动脑筋思考，并得出自己的结论”。在他看来，想要在股票市场取得成功，就必须研究股票市场运行规律，以做到对某只股票下一步的走势有比较明确的判断。

总结而言，在本章，杰西·利弗莫尔主要分享了以下几条宝贵的投资实战经验。

第一，投机本质上是一门严肃的生意，它不适合愚蠢的人，不适合懒得动脑子的人，不适合心理不健全的人，也不适合妄图一夜暴富的冒险家。你应该努力坚持自己做行情记录，自己动脑筋思考，并得出自己的结论。

第二，为了投资或投机成功，你必须对某只股票下一步的重要动向形成自己的判断。为了做到准确预测，你必须站在市场的角度，用自己的头脑独立分析该只股票可能对行情造成的影响。然后你要尽力预测你所分析出的这则消息在一般投资大众心目中可能造成的心理效应——

特别是那些与该消息有直接利害关系的人。但是千万不要轻信自己的判断，直到市场变化证实了你的观点之后再做决定。

第三，如果你对某只或某些股票有明确的看法，那么千万不要急着一头扎进去。要从市场出发，耐心观察上述股票的行情走势，找到基本的判断依据后做到伺机而动。

第四，每个人都会受到同一个人性弱点的诱惑，那就是每一次轮流下注时都想赢。但是事实却并不如人所愿，有盈利的时候就会有亏损的时候，因此聪明的投资者该诚惶诚恐的时候就要诚惶诚恐，该满怀希望的时候就满怀希望。

第五，只要愿意花时间和精力去研究价格运行的规律，任何人都可以在合理的时间内建立起自己的判断准则，而这些准则将在其未来的投机或投资活动中为其提供帮助。

第六，你要让自己熟悉一只股票，或者熟悉若干类股票。如果你能结合自己所做的行情记录来正确地推算时间要素，那么你迟早会准确判断出重大市场行情变化降临的时机。如果你能正确地解读行情记录，那么也就能在任一类股票中找出它的“领头羊”。

第七，绝对不可以把投机冒险和投资活动混为一谈。成功的投机者在其投机生涯中总是如履薄冰地对待自己的每一次投机活动，投资者对这件事也同样不能疏忽大意。

第八，绝不要因为某只股票看起来价格过高就把它卖出去；同样，也绝不要因为某只股票从前一个最高点大幅下滑就把它买进来。

第九，如果你的第一笔交易已然处于亏损状态，那就绝不要再继续跟进，妄图以这种方式摊低亏损的头寸，因为它往往会让你的亏损进一步扩大。

第二章

如何捕捉交易时机和危险信号

市场有风险，入市需谨慎。可是高风险往往也意味着高回报。杰西·利弗莫尔手把手教你如何把握机遇，远离危险。

投资者问

前面你建议大家去熟悉一只股票，或者熟悉若干类股票。那么，怎样才能充分了解一只股票呢？

杰西·利弗莫尔答

股票跟人一样，也有自己的特征和个性。有些股票的弦绷得紧紧的，个性紧张，动作呈跳跃状；另外一些股票则“性格”豪爽，动作直来直去，合乎逻辑。但只要你肯下功夫，那么总有一天你会了解并尊重各类股票的个性，从而根据具体条件，去预测股票的运行趋势。

市场永远不会停滞不前。有时候，它们看起来非常呆滞，但并不会在那个价位上“睡大觉”，它们总要稍稍上升或下降。当一只股票进入明确的趋势状态后，它将沿着贯穿整个趋势过程的特定线路，自行演变下去。

当一轮行情开始的时候，你会在开头几天注意到，伴随着价格的逐渐上涨，成交量会变得相当庞大。随后，将发生我之前所说的回撤现象。不过在这个向下回落的过程中，成交量要远远小于前几天的上升时期。不用担心，这种小规模回撤行情是完全正常的，你不要害怕，但对于不正常的动作却要保持高度警惕。

经过小规模回撤后的一到两天，股票的行情将重新开启，成交量也会水涨船高。如果这是一个真动作，那么市场就会在短时间内收复在那个自然的、正常的回撤过程中丢失的地盘，并进入新高区域。

投资者问

能说得再详细一点儿吗？比如如何辨别“正常的回撤”和“不正常的动作”？

杰西·利弗莫尔答

在这个过程中，股票行情应当在几天之内一直维持强劲的上涨势头，其中只有偶尔的小规模的日内回调。但当股票价格强劲上涨到某一点后，就会形成另一轮正常的向下回撤趋势。当这个正常回撤发生时，它应该跟第一次正常回撤落在同一组直线[①]上。要知道，当任何股票处于明确的趋势状态时，都会按照这种自然的方式演变。在这轮运行趋势的第一部分，从前期高点到下一个高点之间的差距并不太大。但是随着时间的推移，下一个高点向上拓展的空间高度要比上一个高点大得多。

---

① 译者注：这组直线指股票价格形成的趋势线，类似于今天人们使用的水平黄金分割线，原文没有明确说。

请让我举例说明。

交易案例

假定某只股票在50美元的价位启动。在它运行的第一段趋势中，它可能会逐渐上涨到54美元。此后，一两天的正常回撤可能会把它带回到52.5美元上下。三天后，它将再度开启上升行情。在这一轮阶段行情走势中，它在再次进入正常回撤之前，或许会上涨到59美元或60美元。然而，它并不会马上回撤，中途可能仅下降1点或者1.5点，而在这样的价格水平发生回撤时，行情很容易就自然地下降3点。

过几天后，当股价再度恢复上涨趋势时，成交量放大，与此同时这只股票也越来越难买，变得紧俏起来。遇到这种情况，往往预示着该只股票接下来的上涨势头将比之前更猛烈，可能很容易从前一个高点上升到60美元、68美元甚至70美元，并中途不再有自然的回撤。

如果上升到后一个高点（60.68美元或70美元）后再发生自然的回撤，那么这个回撤过程将变得猛烈，可能会轻而易举地下挫[①]到65美元，而且即便这样也还属于正常的回撤。不仅如此，假定回撤的幅度在5点上下，那么过不了多少时日，上涨行情就会卷土重来，该股票的成交价将站到一个全新的高位，而此刻，时间要素也该登场了。

不要让这只股票失去新鲜的味道。你已经收获了可观的账面利润，你必须保持耐心，但也不要让耐心变成束缚头脑的条条框框，以致忽略了危险信号。

---

① 下挫：股票术语，是指股市指数或者股票价格较大幅度的下跌。

这只股票再次开始上升，前一天上涨的幅度有6~7点，后一天上涨的幅度可能达到8~10点——交易活动极度活跃——但是，就在这个交易日的最后一小时，一轮不正常的下跌行情突然出现了，下跌幅度达到了7~8点。第二天早晨，市场再度顺势下滑了1点左右，然后重新开始上升，并且当天尾盘[①]行情十分坚挺。然而，再后一天，市场却由于某种原因而没能保持上升势头。

这是一个堪称火烧眉毛的危险信号。在这轮市场行情的发展过程中，前期仅发生过一些自然的和正常的回撤过程，而此时此刻，却突然形成了不正常的向下回撤。这里所说的“不正常”，指的是在同一天之内，市场先向上形成了新的极端价位，随后向下回落了6点甚至更多。这样的情况之前从未出现过，而从股票市场本身来看，一旦行情发生了不正常的变化，就是市场在向你闪烁危险信号，你绝对不能忽视这样的提醒。

在这只股票自然上升的全部过程中，你都应该有足够的耐心持股不动。而到了这个时候，你一定要以敏锐的直觉向危险信号致以应有的敬意，勇敢地果断卖出，离场旁观。

---

① 尾盘：通常指每个交易日的最后半小时。我国通常指14:30–15:00。在尾盘阶段的多空双方会进行激烈争夺，因此它又具有承上启下的作用，可预测后市。

投资者问

这样的危险信号每次都是百分之百准确的吗?

杰西·利弗莫尔答

我并没有说这样的危险信号总是准确无误的。正如我前面曾经声明的那样，没有任何一个准则能够做到百分之百的正确。但是，如果你始终如一地留心这样的危险信号，从长远来看，你将受益匪浅。

一位伟大的天才投机家有一次这样告诫我："当我看到市场向我提示危险信号的时候，我从不跟它对着干，我会离开！几天之后，如果各方面看来都没问题，我总是能够再度入市。如此一来，我为自己减少了许多焦虑，也省下了很多金钱。我是这样盘算的，假如我正沿着铁轨向前走，一列快车以60英里（约96千米）的时速向我冲来，我就会跳出轨道让火车过去，而不会愚蠢地站在那儿不动。等火车开过去了，只要我愿意，想什么时候重返轨道就什么时候再回去。"这番话十分形象地揭示了一种投机智慧，让我终生难忘。

投资者问

这个比喻的确非常生动形象，可是如此简单的道理，为什么很多人就是做不到呢？

杰西·利弗莫尔答

每一位明智的投机者都会对危险信号时刻保持警惕。奇怪的是，绝大多数投机者遇到的麻烦往往都来自自身内在的原因。这种内心的弱点让他们没法鼓起足够的勇气在应当离场的时候果断平仓出局。他们优柔寡断，在犹豫之间眼睁睁看着市场朝着对自己不利的方向变动了很多点。

这时候，他们会说："等下一波上涨行情到来，我就平仓。"下一波上涨行情终究会到来，可是，当这波行情果真来临时，他们却忘记了自己当初的计划，因为在他们心目中市场又表现得很对头了。

遗憾的是，这一轮上涨行情只不过是一段短暂的向上反扑，很快就会变成强弩之末，接下来，股价开始真正下跌。他们的犹豫不决导致他们现在还在场内。如果他们凭借某种准则行事，准则就会告诉他们应当怎么做，不仅会给他们挽回大笔的财富，还能替他们消除担忧。

投资者问

你说绝大多数投机者输在犹豫不决上，这点我非常赞同。那么，我们真的可以克服这种与生俱来的人性弱点吗？

杰西·利弗莫尔答

请允许我重申一遍，对于普通投资者或投机者来说，每个人最大的敌人就是自身的人性弱点。一只股票在一轮大幅上涨后开始下跌，为什么不会再度向上冲刺呢？它当然会从某个价格水平处回升。但是，你凭什么指望它正好在你希望它上冲的时候就上冲呢？可能出现的情况是，它不会上冲，或者即使它真的上冲，你也会在优柔寡断之间让这个机会溜掉。

我试图向那些把投机买卖视为一项严肃事业的普通同行阐述下列原则，并且我也会不遗余力地反复强调这些原则。

（1）必须彻底摒弃一厢情愿的想法。

（2）假如你不放过每一个交易日，天天投机，那么你就不可能取得成功。

（3）每年可能只有寥寥可数的机会，才能允许自己下场开立头寸。除此之外的所有时间里，你都应该在局外旁观，让市场逐步酝酿下一场大的行情。

如果你正确地把握了这轮行情的时机，那么你投入的第一笔头寸应该从一开始就处于盈利状态。从那时起，你唯一需要做的就是保持警戒，观察危险信号的出现，然后果断出场，将纸上利润变现为真金白银。

投资者问

如果我不天天投机，多数时间都在市场上袖手旁观，会不会因此错失交易良机？

杰西·利弗莫尔答

切记：在你袖手旁观时，那些认为自己必须一天不落地投身交易的投机者，其实正在为你的下一次冒险活动奠定基础，你将从他们的错误中获得利益。

投机事业实在太令人兴奋了。绝大多数投机者终日沉浸在经纪商交易厅里，或者忙于接听数不清的电话。每当交易日结束后，他们不分任何场合地跟朋友们聊市场。他们的脑子里天天装着报价机、价格数字。他们全神贯注于次要的股价上升或下跌，反倒错过了重大的市场行情。当大幅度的市场行情发生后，绝大多数市场参与者都无可避免地总是持有相反方向的头寸。那些喜欢在当日之内的小规模市场波动中快进快出的投机客，永远不能在下一轮重大行情发生时捕捉到机会。

投资者问

那我需要怎样做才能克服像上述这些投机客所具有的弱点，避免重蹈他们的覆辙呢？

杰西·利弗莫尔答

以适当的形式记录股票的价格运行规律，深入研究市场行情记录，弄清楚股票价格的变动是怎样发生的，再谨慎地综合时间要素来考虑，就可以克服投机者所具有的弱点。

多年以前，我曾听说过一位著名投机家的故事。他住在加利福尼亚的山区，每次收到行情的时间会延迟三天。他每年打两三次电话给旧金山的经纪人，根据他的市场头寸发出买进或卖出指令。我有个朋友曾经在那家经纪人的交易大厅待过一些日子，对这件事感到很好奇。于是四处打听，当他得知这位交易者竟然离交易市场这么远，也很少前来探访，只在必要且有大手笔交易的时候才来到市场时，不禁惊讶万分。终于有人介绍我的朋友结识了这位投机家。在交谈的过程中，我的朋友向这位投机家请教，他身处偏远山区，远离城市喧嚣，如何才能保持对股票市场的行情记录？

“噢，”投机家回答道，“我把投机当成我的事业。市场总是千头万绪，如果我任由自己陷入一团乱麻中，就会一败涂地，因此我对次要的市场变化一律视而不见。我喜欢躲在一旁静心思考。你瞧，我对已经发生的事情也有持续的记录。当事情发生后，这些记录就会给我绘制出一幅清晰的图像，告诉我市场正在做什么。真正的行情不会在一天之内就从开始走到结束，货真价实的行情总需要花上一些时日才能走到它的终点。而我住到远离闹市的深山里，就能给这些行情变化留足它们所需的时间。我从报纸上摘录数据，放进行情记录里。总有一天，我会注意到刚刚记录的价格不能验证之前已经明显持续了一段时间的趋势形态。此时此刻，我便做出决策，下山进城，忙碌起来。”

这是很久以前的事了。在很长一段时间里，这位山里的投机家都如有神助般地在股票市场发大财。这在一定程度上激励了我。于是，我加倍努力地工作，力图将时间因素和我汇编的其他所有资料融为一体。经过不懈的努力，一段时间后我便能将所记录的各个方面的资料和数据融会贯通起来。而不出所料，在我预测未来市场行情变化的过程中，这些经整理后的资料和数据所发挥的辅助作用也确实好得令人惊讶。

本章小结

杰西·利弗莫尔认为，股票跟人一样有自己的特征和个性。如果能了解股票的个性，就能预测市场行情的变化。投资者一定要学会识别交易时机和危险信号。

在本章中，他分享了以下几条宝贵的交易实战经验。

第一，股票出现小规模回撤行情完全是正常的。你永远不要害怕这种正常的动作，但是，你一定要对不正常的动作保持高度警惕。

第二，在这轮市场行情的发展过程中，此前仅发生过一些自然的和正常的回撤，但此时此刻，却突然形成了不正常的向下回撤。要注意，这其实是市场在向你闪烁危险信号，你绝对不能忽视这样的危险信号。

第三，在这只股票的股价自然上升的整个过程中，你都应该有足够的耐心持股不动。但当危险信号出现时，你一定要勇敢地果断卖出离场。

第四，危险信号并非总是准确无误的，没有任何一个准则能够做到百分之百的正确。但是，如果你始终如一地留心这样的危险信号，那么你将会受益匪浅。

第五，必须彻底摒弃一厢情愿的做法。假如你不放过每一个交易日，天天投机，那么你不可能取得成功。每年只有寥寥可数的机会，允许你下场开立头寸，除此之外的所有时间里你都应该在局外旁观，等待市场酝酿下一场大的行情。

第六，当大幅度的趋势行情发生后，绝大多数市场参与者几乎都无可避免地持有相反方向的头寸。那些喜欢在当日之内小规模市场波动中快进快出的投机客，永远不能在下一轮重大行情发生时捕捉到机会。

第七，以适当的形式记录股票的价格运动情况，深入研究市场行情记录，弄清楚股票价格运动是怎样发生的，再谨慎地综合时间要素来考虑问题。

第三章

集中注意力，追随“领头羊”

在第二章中，杰西·利弗莫尔建议大家认真记录和研究股票价格的变动，从而捕捉交易时机，发现危险信号。那么，什么样的股票最值得关注呢？又该使用什么样的对策来把握机遇呢？

投资者问

你之前多次强调大家不必时时刻刻关注市场，要学会对次要市场的变化视而不见。可是，如果我们能全面深入地了解市场的每一个变化，是不是更容易找出市场运行的规律？

杰西·利弗莫尔答

每当投资者或投机者保持了一段时间的连战连捷之后，股票市场总会释放一种诱惑，让人变得要么是麻痹大意，要么是野心过度膨胀。在这种情况下，你要依靠完备的常识和清醒的头脑才能保持住已有的胜利果实。不过，如果你能毫不动摇地遵循可靠的准则行事，那么也会避免得而复失的悲剧。

众所周知，市场股票价格总是不停地上下波动。过去如此，将来也会如此。我的看法是，在那些重大行情背后，必然存在着一股不可阻挡的力量。仅了解这一点，就已经足够了。你千万不要试图去探寻价格波动背后的所有原因，因为对琐碎细节的过度好奇，会让你的思路被干扰。

只要明确市场行情已经启动，那么顺着潮流驾驭你的投机之舟便可从中获益。不要和市场讨价还价，最重要的，绝不可妄图与之叫板。

投资者问

当我们在股票市场中顺应潮流时，还有什么需要注意的事情呢？

杰西·利弗莫尔答

还要牢记，在股票市场上四面出击，切记不要把摊子铺得太大，否则会很危险。我的意思是，你不要同时在许多只股票上都建立头寸。同时照顾几只股票还能勉强胜任，同时照顾许多只股票你就会变得不堪重负。我几年前就曾经犯过此类错误，结果付出了高昂的代价。

我曾经犯过的错误是，我当时发现某个特定类型的股票中的某只股票已经明明白白地掉转方向脱离了整个市场的普遍趋势，于是我纵容自己随之改变对整个股票市场的态度，转为一律看空[①]或一律看多[②]。

在建立新头寸之前，我本来应该更加耐心地等待时机，待其他股票类型中的某只股票或更多只股票都显示出下跌或上涨过程已经终了的信号时再开始行动。但是，我并未这样做，而是迫不及待地要在市场上大干一番，结果吃了大亏。那一次，我任由急于行动的浮躁心理取代了常

① 看空：又称看跌，指投资者看坏未来大盘或某只股票、某个期货品种、某种货币等的行情，与看多或看涨相反。
② 看多：又称看涨，指投资者看好未来大盘或某只股票、某个期货品种、某种货币等的行情，与看跌或看空相反。

识和判断力。当然，我在买卖第一类和第二类股票中的某些股票时还是盈利的，只是在买卖其他类股票中的股票时赶在了零点到来前入市，结果导致我亏掉了很大一部分原来的盈利。

投资者问

很难想象，你也曾经犯过这样的错误。你能否把这段经历说得再具体一些？

杰西·利弗莫尔答

回想当年，在20世纪20年代末期的疯狂牛市中，我清楚地看到铜业股票的上涨行情已经进入尾声。不久之后，汽车业的股票也达到了顶峰。因为牛市行情在这两类股票的牛市行情都已经终结，因此我很快得出了一个有纰漏的结论——现在可以安全地卖出任何股票。我真不想告诉你，这个错误的判断让我亏损了多少钱。

在后面的六个月里，我在铜业股票和汽车业股票的交易上积累了巨额账面盈利的同时，也力图压中公用事业类股票的顶部，然而事与愿违，后者造成的亏损甚至超过了前者的盈利。最终，公用事业类股票和其他类型的股票都达到了顶峰。就在这时，我持有的森蚺公司的成交价已经比其前期最高点低了50点，汽车类股票下跌的比例也与此大致相当。

我希望这个事实能给你留下深刻印象，当你看清某一特定类型的股票运动时，不妨就此采取行动。但是，你不要纵容自己在其他类型的股票中以同样的方式行事，除非你已经明白地看到了这个类型的股票在之后开始跟进的信号。请耐心等待，过一段时间后，你也会在其他类型的股票中得到与第一个类型的股票同样的提示信号。注意火候，不要在市场上铺得太开。

集中注意力研究当日行情最突出的那些股票，即“领头羊”。如果你不能从活跃的“领头羊”股票中获得利润，那么也就无法在整个股票市场中获得利润。

投资者问

我们应该怎样分辨股票市场中的“领头羊”呢？

杰西·利弗莫尔答

正如妇女的衣服、帽子、人造珠宝的时尚永远随着时间的推移而变化一样，股票市场也会不断抛弃过去的“领头羊”，由新的“领头羊”取代旧的“领头羊”。几年前，股票市场主要的“领头羊”是美国糖业、铁路和烟草等行业的股票。后来，钢铁股占了上风，美国糖业和烟草被挤到了台下。再往后，直到现在，汽车业等股票走向前台。如今，我们仅有四类股票在市场上占据主导地位，分别是钢铁、汽车、航空和邮购类股票。如果它们朝某个方向变化，则整个市场也会随之变化。不过随着时间的推移，这些“领头羊”也会被新的“领头羊”取代。总之，只要股票市场存在一天，这样的现象也会相应地存在一天。

投资者问

那我同时跟踪许多类型的股票，是不是发财的希望就更大了？

杰西·利弗莫尔答

力图同时跟踪很多类型的股票肯定是不安全的，你不但会顾此失彼，还会整成一团乱麻。尽可能只分析几个类型的股票，你会发现要比你同时顾及很多不同类型的股票把市场切分成很多小块来研究容易得多。如果你能在钢铁、汽车、航空和邮购四类股票中正确地分析出其中两只股票的走向，那么你就用不着担心其余股票何去何从了。还是那句老生常谈的话——“追随‘领头羊’”。你要注意保持思想的灵活性，记住，今天的“领头羊”在两年之后也许就不再是“领头羊”了。

如今，我自己的行情记录包括了四种单独的股票类型，但这并不意味着我会在这四类股票中同时进行交易。我之所以这样做，自然有我的用意。

很久以前，当我第一次对价格变动产生兴趣的时候，就下决心检验自己正确预期未来价格变动的能力。我随身带着一个小本子，用于记录我进行的模拟交易。在经过了一段时间后，我开始尝试第一次进行实际交易。我永远都忘不了那笔交易。我和我的朋友一人一半，合资买进了5股芝加哥、伯灵顿和昆西铁路的股票，我分享到的利润金额是3.12美元。从那时起，我开始不断自学，在经历了很多次成功或失败的交易后，终于成长为一名合格的投机者。

就当前市场现实来说，我认为采取大手笔交易方式的老式投机者不会有多大的成功机会。当我说到老式投机者时，我想起了那时候股票市场的广度和流动性都很好，就算投机者吃进某只股票5000股或10000股，当他进出市场的时候，也不会明显影响到该股票的价格。

当某位投机者建立初始头寸后，如果该股票表现对头，他可以从容地陆续增加筹码。在过去的市场条件下，如果市场证明他的判断有问题，他无须承担太大的损失，就能很轻松地撤出自己的头寸。但在今天，市场广度变得相对狭窄，如果市场证明初始头寸站不住脚，那么当他平仓时，就可能蒙受巨大亏损[①]。

---

① 译者注：市场广度是一个描述市场基本状态的术语，譬如大河的宽度，大河越宽，则洪水来临时，水位上涨越慢，水位越稳定。市场广度大意味着大笔头寸对市场价格的影响较小；反之，则可能明显影响市场价格。作者的意思是，由于市场广度变窄，卖出的头寸数额较大，市场就出现了明显的下跌，结果蒙受了巨大损失。

投资者问

既然老式投机者的做法已经行不通了，今天的投机者应该怎么做，才能更好地追随股票中的“领头羊”呢？

杰西·利弗莫尔答

在我看来，今天的投机者如果能既有耐心又有判断力，等待合适的行动时机，最终会有更好的机会从市场上实现丰厚的利润。因为在当前的市场条件下，已经不允许出现那么多人为操纵的市场变动了。这类操纵行情在过去的时代过于盛行，以致所有的科学化计算手段都受到冲击，失去了良好效用。

由此可见，很明显，根据今天的市场条件，没有哪位明智的投机者会允许自己按照若干年前司空见惯的头寸规模来操作，他将集中研究有限数量的股票类型，专注于找出其中的“领头羊”，学会先仔细看路再向前跳。股票市场的新时代已经到来——新时代给明智、勤奋、能胜任的投资者和投机者带来了更安全的机遇。

本章小结

杰西·利弗莫尔指出，投资者在股票市场中连战连捷之后，往往会变得麻痹大意、好大喜功，冲动地四面出击。然而这种冲动的做法，违背了市场交易的规律，最终让投资者顾此失彼，亏损多于收益。由此，利弗莫尔主张集中注意力去研究和追随股票市场中的“领头羊”，而不是同时跟踪很多只股票。

在本章中，利弗莫尔分享了以下几条宝贵的交易实操经验。

第一，市场价格永远都会上下波动，在那些重大行情背后，必然存在着一股不可阻挡的力量。我们了解了这一点，就已经足够了。

第二，只要市场行情已经启动，顺应行情就能从中受益。记住，不要和市场讨价还价，不要跟市场对抗。

第三，在股票市场上四面出击是非常危险的，不要同时在许多只股票上都建立头寸。

第四，当看清某一特定类型的股票的价格运动规律时，就采取行动。但是，不要纵容自己在其他类型的股票中以同样的方式行事，即要注意度和火候，不要把摊子铺得太大。

第五，追随“领头羊”，但要保持思想的灵活性，因为股票市场也会不断抛弃旧的“领头羊”，产生新的“领头羊”。

第六，避免同时跟踪很多类股票，尽可能只分析相对较少的几类股票。

第四章

储存到手的钱财，谨防过度交易

有些投资者不乏敏锐的市场嗅觉，能从交易中赚到钱，但却不擅长巩固胜利果实，钱来得快，去得更快。对此，杰西·利弗莫尔有什么良策呢？

投资者问

当我们从市场中赚到钱之后，应该怎样巩固这笔收入呢？

杰西·利弗莫尔答

当你手头有需要处理的余钱时，一定要亲力亲为，千万别让他人替你打理。

不论是处理上百万美元的大钱，还是几千美元的小钱，都适用同样的操作原则。这些是你的钱，只有你小心看护，它才不会离你而去。要知道，注定要亏钱的方式有很多，其中最失败的一种亏钱方式就是经不住推敲的投机。

不合格的投机者会犯下各种各样的大错，简直是无奇不有。我曾经发出过警告，处理亏损的头寸时，千万不要在低位再次买进，试图摊低平均成本。然而，却有很多的人会这么做。比如，这些人在买入价为50美元时买进了100股，但两三天之后，股票跌到了47美元，于是他们的心就被摊低成本的强烈欲望攫住了，非要在47美元的价位上另外再买进100股，把所有股票的成本价摊低到48.5美元不可。实际上，这种做法有害无益，试想，你已经在50美元时买进了100股，并且对100股3点的亏损耿耿于怀，那么，到底有什么理由在47美元时再买进100股，使得当价格跌到44美元时你再承受将近双倍损失的惊吓呢？

到那时，第一次买进的100股亏损了600美元，第二次买进的100股亏损了300美元。

如果某人真打算按照这种经不住推敲的准则行动，那么他就应该坚持摊低成本，即待股价跌到44美元，再买进200股；跌到41美元时，再买进400股；跌到38美元时，再买进800股；跌到35美元时，再买进1600股；跌到32美元时，再买进3200股；跌到29美元时，再买进6400股，以此类推。

可是又有多少投机者能够承受这样的压力？如果能够把这个策略执行到底，倒是不应该放弃它。上例列举的异常行情并不经常发生。不过，我还是要强调，投机者要时刻警惕这种异常行情，只有这样才能防止灾难的降临。

因此，尽管有重复和说教之嫌，我还是要强烈地敦促大家不要采取摊低成本的做法。

投资者问

很多投资者可能消息都比较灵通，能搞到"内幕"消息，在这样的前提下他们采取摊低成本的做法也没什么大问题吧？

杰西·利弗莫尔答

我从经纪商那里只得到过一种铁定无疑的"内幕"消息——追加保

证金的通知。当这样的通知到达时，你应该立即平仓。这说明你站到了市场错误的一边。为什么要把“好钱”追加到“坏钱”里去？要把这些“好钱”捂在手里。你想要冒险的话，可以把它拿到其他回报率更高的地方去，绝对好过扔在这种显然要亏损的交易上。

一个成功的商人愿意给形形色色的客户赊账，但是，肯定不乐意把所有的产品都卖给唯一的客户。他的客户越多，风险就越分散。同样的道理，从事投机生意的人在每一次冒险过程中，也只应该投入金额有限的一份资本。对于投机者来说，资金就是商人货架上的货物。

投资者问

按照上面说的方法做，是不是就能很快赚到大钱了？

杰西·利弗莫尔答

绝大多数投机者都有一个通病——急于求成，老是想着在很短的时间内发大财。他们不愿花费两三年的时间来让自己的资本增值500%，而是企图在两三个月内就做成这件事。他们有时候会成功。可是，这类鲁莽的投机者最终却不能保住胜利的果实。

为什么呢？

因为这些钱来得不稳妥，来得太快，在他们手上停留不了多久，便又会从他们的手指缝中溜走。这样的结果会使投机者丧失平衡感。他们会说：“既然我能够在这两个月使自己的资本增值500%，那么接下来两个月我要创造更大的投资奇迹！我要发大财了。”

这样的投机者是永远不会满足的。他们孤注一掷，不停地投入自己所有的精力或资金，直到在某个地方失算，终于出事了——发生了某个变化剧烈的、无法预料的、毁灭性的事件。最后，经纪商终于发来通知要求追加保证金，然而金额太大，他们拿不出钱，于是，这些像赌徒一样的投机者便像流星一样消逝了。也许他们会央求经纪商再宽限一些时日；或者如果他们不是太不走运的话，在进行投机交易时留了一手，储存了一份应急资金，那么或许可以重新获得一个普通的起点。

如果商人新开一家店铺，那么他不会指望第一年就从这家店铺获得25%以上的利润。但是，对于进行股票投机交易的人来说，25%的回报啥都不是，他们想要的是100%的回报。可见他们的这种算计是有缺陷的，经不住推敲——他们没有把投机看作一项商业事业，并按照商业原则来经营它。

还有值得一提的一点，每一位投机者都应当将以下这一点看成一项行为准则：每当他把一个成功的交易平仓了结后，都应该取出一半的利润储存到保险箱里积蓄起来。投机者唯一能从华尔街真正赚到的钱，就是当其了结一笔成功的交易后从账户里提出来的钱。

投资者问

你自己也是这样做的吗？

杰西·利弗莫尔答

我记得有一天我在棕榈海滩度假的往事。当时我刚刚离开纽约，账户上还持有相当大一笔卖空头寸。在我到达棕榈海滩的几天之后，市场出现了一轮剧烈的向下突破行情。这是将“纸上利润”兑现为真正金钱的机会——我也确实这么做了。

那天收市后，我递给了电报员一张纸条，要他通知纽约的交易厅立即往我在银行的户头支付100万美元。那位电报员几乎吓得昏死过去。在帮我发出这个电报之后，他问我，他能不能收藏那张纸条。我问他为什么。他说：“我已经当了二十年的电报员，这是我经手拍发的第一份客户要求经纪商为自己在银行存款的电报。”

他还说道：“我见过成千上万经纪商发来电报，要求客户们追加保证金，但是以前从没有人像你这么做过。我打算把这张条子拿给我的孩子们看看。”

对于普通投机者来说，能够从经纪公司的账户上取钱的操作很少见，要么是他没有任何敞口头寸的时候，要么是他有额外资产净值的时候。当市场朝着不利于他的方向变化时，他不会支取资金，因为他需要这些资本充当保证金；当他了结一笔成功的交易之后，他也不会支取资金，因为他会对自己说：

“下一次我将挣到双倍的利润。”

因此，绝大多数投机者都很少见到自己的钱。对他们来说，这些钱从来不是实实在在的、看得见摸得着的东西。多年来，我已经养成习惯，在完成一笔成功的交易之后，都要从账户中提取部分现金放在手上。我惯常的做法是，每一笔提取20万美元或30万美元。我认为这是一个好策略，它对我有正面的心理价值。你不妨做做看，也把它变成你的策略。把你的钱点一遍，我就是这么干的。我知道自己手中有货真价实的家伙，我感觉得到我赚到的钱，它是真实存在的东西。

放在经纪商账户或者银行账户里的钱，跟你时不时握手中的钱是不一样的。手里的钱，你的手指可以时常感觉到，感觉到了就有了某种意义。把钱握在手中的占有感，可以稍稍减轻你做出任性投机决策的冲动，而任性的投机决策会导致盈利流失。因此，请你一定要时常看一看你真正的钱财，特别是在你本次交易和下次交易之间的时间段。

投资者问

你的做法很有道理，也简单易行。可是为什么绝大多数人就是做不到呢？

杰西·利弗莫尔答

普通投机者在这些问题上特别散漫，存在太多的纰漏。

当一个投机者红运当头，把原来的资本金翻了一番后，他应该马上把利润的一半提出来，放在一旁以备不时之需。比如对于我来说，这项策略在很多场合都大有裨益。我唯一的遗憾是，没有在自己的职业生涯中始终贯彻这个原则。如果当时我严格按照这个原则办事，那么我应该可以走得更平稳一些。

在华尔街以外，我从来没能挣到过一美元。相反，我曾经在其他冒险事业上投资失败，并亏损了数百万美元，这些钱都是我从华尔街挣来的。在我的脑海里浮现出来的例子有：佛罗里达的房地产泡沫、油井生意、飞机制造业，以及改善和推广高新技术产品等。对于这些方面的投资，基本上，我每一次都会赔得一分钱都不剩。

在华尔街之外的这些冒险事业中，我曾经有一次被激起了浓厚的兴趣，于是力图说服我的一位朋友也投入5万美元。他十分认真地听取了我的推介。等我说完后，他说："利弗莫尔，你在自己的领域之外，永远不可能在任何生意上取得成功。如果你想要5万美元去投机，你可以拿走这些钱，我马上就能够借给你。不过，请你只把钱用于投机，离那桩生意越远越好。”

第二天一早，邮差带来了一封信，里面是那个朋友寄过来的一张支票，正好5万美元。我很吃惊，因为我并没有提出要求。

投资者问

这件事给你带来了什么样的影响？

杰西·利弗莫尔答

我觉得这一课的教训就是，投机本身就是一项生意，所有人都应当把它当成生意来看待。千万别让自己受情绪激动、阿谀奉承或利益诱惑的影响。一定要牢记在心，有时候经纪商无意识地成为许多投机者失败的根源。经纪商的生意是赚取交易佣金。客户不交易，他们就挣不到佣金。交易越多，佣金越高。投机者应该交易，而经纪商不仅欢迎他们交易，甚至常常有意鼓励他们过度交易。不知内情的投机客把经纪商当成自己的朋友，于是很快陷入了过度交易的陷阱。

如果这位投机者足够精明，有能力分辨在何种条件下才可以多做交易，那么多做交易就不算什么问题，也许他知道什么时候可以，或者什么时候应当过度交易。但是，投机者一旦染上了过度交易的习惯，就极少能够明智地停下手来，他们已经丧失了自制力，失去了与众不同的平衡感，而这二者对成功来说是至关重要的。他们从不会想到自己也有失手的一天，然而，这一天终究来了。容易得手的钱会像长了翅膀一样，来得快去得也快，于是又一位投机者破产了。

永远别做任何交易，除非你确知这样做在财务上是安全的，不会有任何经济问题。

本章小结

杰西·利弗莫尔反对投机者过度交易，主张要把自己赚来的钱的一半储存起来。在本章中，他分享了以下几条宝贵的交易实操经验。

第一，不论是上百万美元的大钱，还是几千美元的小钱，你都应该亲自处理，别让其他人替你打理。

第二，处理亏损的头寸时，千万不要在低位再次买进，试图摊低平均成本，那样往往会让你承受双倍的损失。

第三，当你接到经纪商要求追加保证金的通知后，应该立即平仓。因为这说明你对市场的判断有误。不要把“好钱”追加到“坏钱”里去。

第四，绝大多数投机者都有一个通病——急于求成，老是想着在很短的时间内发大财。这样的人是无法保住胜利果实的。

第五，每个投机者都应该在把一个成功的交易平仓了结后，取出一半的利润储存起来。这样有助于减轻投机者做出任性投机决策的冲动。

第六，投机者一定要时常看看自己真正的钱财，特别是在本次交易和下次交易之间的时间段。

第七，投机本身就是一门生意，所有人都应当把它当作生意来看待。千万别让自己受情绪激动、阿谀奉承或利益诱惑的影响。

第八，一定要牢记在心，有时候经纪商会无意识地成为许多投机者失败的根源，因为他们可能会让投机者陷入过度交易的陷阱。

第九，永远别做任何交易，除非你确认即使失败，自己在财务上也是安全的。

第五章

等市场到达“关键点”再动手

杰西·利弗莫尔一再强调在市场交易中要耐心、耐心，再耐心，那么，等到什么时候才能出手呢？

投资者问

在市场交易中，什么时候才是最好的出手时机呢？

杰西·利弗莫尔答

不管什么时候，只要我能耐心等待市场到达我所说的“关键点”后再动手，我就总能从交易中获利。

为什么（总能赚到钱呢）？

因为在这种情况下，我选择的正是标志着行情启动的关键心理时机。我永远不用为亏损而焦虑，原因很简单，我恰好在操作准则发出信号时果断出手，并根据准则发出的信号逐步积累头寸。在这之后，我唯一要做的事就是静观其变，任由市场按照自己的规律发展。因为我知道，只要我耐心等待，市场自然就会在合适的时机发出信号，告诉我什么时候可以了结获利。

任何时候，只要鼓起勇气并耐心等待这样的信号，我就能按部就班，从不例外。根据我的经验，如果我没有在行情开始后不久就入市，就从来不会从这一轮行情中获得太大的收益。

原因可能是，如果我没有及时入市，就丧失了一大部分利润储备。在行情演变过程中，直至行情结束，市场必定会时不时出现各种各样的小规模回落行情或小规模回升行情。而这部分利润储备正是我能沉得住气、顺利过关的可靠保障，因此十分必要。

投资者问

既然进入市场要讲究时机，那么撤出市场也需要看准时机吧？

杰西·利弗莫尔答

正如市场在适当时机会向你发出正面的入市信号一样，同样的道理，市场也会向你发出负面的出市信号——但前提是你要有足够的耐心等待。“罗马不是一天建成的”，没有哪个重大的市场行情能在一天或一周时间内一蹴而就。它需要一定的时间才能逐步走完发生、发展、终结的全过程。在一轮行情中，大部分市场行情发生在整个过程的最后48小时内，因此这是持有头寸的最重要的时期。也就是说，你在这段时间内一定要持有头寸，确保自己处身场内。这一点很重要。

我举个例子。

交易案例

假设某只股票已经在下降趋势中运行了相当长的时间，并且达到了40美元的低位。随后几天之内，市场形成了一轮快速的回升行情，股价涨到了45美元。接下来，股价回落，并在随后的几周之内始终在几个点的范围内横向震动。

此后，它又开始延续前一段的上涨行情，达到49.5美元的高度。这时的市场变得很沉闷，连着几天都没有什么大的波动。终于有一天，股票再度开始活跃，先是下跌了3~4点，后来继续下滑，直到下跌至接近其关键点40美元的某个价位为止。

这就是你最需要特别仔细观察市场的时刻，因为如果市场确定无疑地恢复了原有的下降趋势，那么就应该首先下跌到比关键点40美元低3~4点的位置，然后才能形成另一轮明显的回升行情。

如果市场没有向下跌破40美元，这就是一个信号，一旦市场从当前向下回撤的低点开始上冲3点，就应该立刻买进。如果市场向下跌穿了40美元的价位，但下跌的幅度没有达到3点左右，那么一旦市场上涨至43美元，也应该立刻买进。

如果出现了上述两种情形中的任何一种，你就会发现，在绝大多数情况下，这都标志着一轮新趋势拉开了序幕。如果市场以明确方式来验证新趋势的诞生，那么就会持续上涨，一直上升到另一个关键点49.5美元以上——而且比这个关键点还要高出3点或更多。

投资者问

原来你是这样预判牛市和熊市的?

杰西·利弗莫尔答

我在阐述市场趋势的时候，不喜欢用“牛”和“熊”两个字。因为我认为，很多人一旦在市场行情方面听到“牛”或“熊”的说法，就会立即联想到市场将在一段非常长的时间里一直按照“牛市”或“熊市”的方式来运行。

问题是，那种特征鲜明的趋势并不会经常发生，往往每4~5年才能有一次。还好，在没有发生此类行情的时候，还有很多持续时间相对较短但轮廓分明的趋势。因此，我宁愿使用“上升趋势”和“下降趋势”这两个词，因为它们恰如其分地表达了市场在一定时间内即将发生的情形。

更重要的是，如果你因为判断市场即将步入上升趋势而入市买进，那么几个星期之后，经过再次研究你得出市场将转为下降趋势的结论，这时你会发现自己很容易就能接受趋势已经逆转的事实。反过来，如果当初你持有市场处于明确的“牛市”或“熊市”的观点，而你的观点又被市场证实，那么当一段时间后市场向相反的方向运行时，你想要转变思路就困难多了。

投资者问

那有没有什么更好的方法来发现市场的上升趋势和下降趋势呢?

杰西·利弗莫尔答

我创立的结合时间要素记录价格资料的利弗莫尔氏方法，是我经过30余年潜心研究各项准则的结果。这些准则为我预计即将到来的重大市场行情提供了基本的指南。

当我刚开始做行情记录时，发觉它给我带来的帮助并不大。几个星期之后，它便让我有了新的思路，这激发我重新努力。在我践行新思路一段时间后发现，它虽然对前一种记录方法的不足有所改良，但还是没有带来我想知道的信息。这之后，我还总会有新点子不断冒出来，于是我就制作了一系列行情记录。在制作了很多记录之后，我逐渐开始产生了前所未有的新思路，随之而来的行情记录也日益浮现出越来越清晰的轮廓。当我学会将时间要素与价格运动结合起来之后，我的交易记录好像开始对我说话了！

从此之后，当我记录每一笔数据的时候，我都会采用一种全新的方式，这些数据能够令我最终锁定关键点的位置；反过来，它们可以“说话”，告诉了我如何从市场角度运用关键点来获利。从那时起，我就不断地改进自己的计算方法，直到今天，我所采用的记录方式也同样能对你“说话”——只要你采用正确的方法让它们“说话”。

投资者问

那我们应该怎样让我们所做的交易记录来对我们说话，帮我们找到某只股票的关键点呢？找到关键点之后，下一步又该怎样操作呢？

杰西·利弗莫尔答

当一个投机者开始有能力确定某只股票的关键点，并运用关键点来解释市场动作时，那么就表示他有了相当的把握来建立那种从开始就一直盈利的头寸。

在很多年以前，我已经开始通过这种最简便的关键点交易法来获利了。我常常观察到，当某只股票的成交价位于50美元、100美元、200美元甚至300美元时，一旦市场突破这些关键价位的点位，往往随后就会必然地发生直线式的快速运动。

我第一次尝试借助这些关键点获利的例子，发生在老伙计森蚺公司的股票交易中。

交易案例

当这只股票的成交价冲过每股100美元时，我即刻下达交易指令买进4000股。几分钟后，直至该股票价格穿越105美元，我的交易指令才完成。当天收盘的时候，它的成交价又上涨了10点，第二天又是一场不同凡响的大幅上涨。在短时间内，这轮上涨行情持续伸展到明显高于150美元，中途仅有少数几次幅度为7~8点的正常的向下回撤过程。没有哪一次威胁到关键点100美元。

从那时起，只要有关键点可以参照，我基本上很少错过这种大场面。当森蚺公司的成交价突破200美元时，我成功地故技重演；当它突破300美元时，我又再一次如法炮制。不过这一次经验好像失灵了，它惯性上冲的幅度没有达到合适的程度，它的最高成交价只有302.75美元。

很明显，这是一个危险信号，因此我卖出了我的8000股。还算走运，其中5000股是以300美元成交，1500股是以299.75美元成交。这6500股是在不到2分钟的时间之内成交的。但是，我另外花了25分钟才卖出了剩余的1500股，都是以100股或200股为单位成交的，成交价下降到298.75美元，这也是当天该股票的收盘价。

我自信地判断，如果该股票跌到300美元以下，就会形成一轮快速的下跌趋势。果然第二天早晨，市场上掀起了一阵骚动，森蚺公司的股票在伦敦市场一路下跌，纽约市场开盘时价格低了一大截，几天之后，它的成交价就降到了225美元。

投资者问

很精彩的操作。那么，当一个投资者运用关键点来预判市场走势时，需要注意哪些潜在风险呢？

杰西·利弗莫尔答

当你运用关键点来预判市场运动的时候，有一点必须始终牢记，那就是如果该股票在穿越关键点之后没有按照应有的模式运动，那么这就是一个必须要密切注视的危险信号。

正如上述例子所示，森蚺公司的股票突破每股300美元之后的表现与突破100美元、突破200美元之后的表现全然不同。在那两个场合，当市场向上突破100美元、200美元的关键点之后，均出现了非常快速的上涨过程，且涨幅达到了10~15点。

但是在突破300美元这个关键点之后，该股票不但没有出现紧俏难买的现象，市场上反而充斥着大量供给——其供给之多，已经使得该股票无法维持持续上涨的进程。那么，该股票在300美元稍上方的动作已清楚地表明，它已经变成了一块烫手山芋，持有这只股票是危险的。这同时也清楚地表明，这种情况跟当一只股票突破关键点后通常发生的情形大相径庭。

我还记得另外一个例子。

【交易案例】

那时我足足等待了三个星期才开始买进伯利恒钢铁。1915年4月7日，它达到了创纪录的最高价位——87.75美元。我很清楚，当股票向上突破关键点后将快速上涨，因此我很有信心地判断，伯利恒钢铁将突破100美元。

4月8日，我发出了第一份买入指令，打算从99~99.75美元逐步收集筹码。同一天，该股票的成交价一直上涨到117美元的高点。从那天起，它毫不停顿地一路飞涨，中途只有小幅地向下回撤，直至4月13日涨到了155美元，此时离开4月8日开始飞涨只有5天的时间。这轮涨势非常惊人。

这个例子再次说明，如果某人能耐心等待时机并利用关键点进行交易，那么就会获得丰厚的回报。

伯利恒钢铁的故事还没有讲完。当这只股票涨到200美元、300美元时，我依葫芦画瓢，直至到了令人眩目的400美元时，我还是依计而行。

投资者问

这个方法是否同样适用于熊市的情况呢？

杰西·利弗莫尔答

这里还要补充说明一下，在熊市的情况下，当某只股票向下突破关键点后，我们也可以同样预测到即将发生的情况。我觉得最关键的注意事项是，一定要密切观察后续行情的演变。我发现，如果某只股票越过界线后后续上涨缺乏活力，则市场很容易掉转方向，因此在这种情况下应该当机立断，了结原有头寸。

顺便说一句，每当我失去耐心，没有等到关键点到来的时机就胡乱交易企图迅速盈利的时候，就总是赔钱。

不过，从1915年4月份后，市场上便出现了高价股拆细的风潮，相应地，我刚刚介绍的那些机会就不那么经常出现了。但是，我们还是可以利用其他方式来确定关键点。

交易案例

比如，有一只新股票，在过去的两到三年时间里挂牌上市了，其最高价为20美元，或者是其他某个价格，总之这个价格是两三年前形成的。如果发生了跟该公司有关的某种利好事件，且该股票果然开始上升，那么，你就应该等到该股票触及全新高位的那一分钟再买进。这通常是一个稳妥的策略。

一只股票上市时可能以50美元、60美元或70美元每股的价格开盘，随后因为被抛售套现而下跌20点左右，接下来它在最高点和最低点之间徘徊了一两年。后来，如果有一天该股票的成交价向下跌破前期的历史低点，那么很可能会开启一轮幅度巨大的下跌行情。为什么这么说呢？因为出现这种情况，往往表明该公司内部在某个方面出现了大问题。

投资者问

那我们怎样才能提高这种识别关键点的能力呢？

杰西·利弗莫尔答

通过持续做股票行情记录，并结合考虑市场的时间要素，你就有能力从市场行情中发现许多关键点，并通过这些关键点建立头寸，等待市场大行情的到来。但是，想要找准这种关键点进行交易是需要有耐心的，必须进行自我训练。首先，你一定要投入大量时间来研究行情记录；其次，你必须亲手选择数据，并亲手将它们填入记录本；最后亲手标记市场将在哪些价位到达关键点。

做完这些你就会发现，研究关键点的过程就像是在掘金矿。这项工作是如此迷人。你将从基于独立判断的成功交易中领略到一种独特的快感和满足。虽然通过内幕消息或者他人指导也有可能获得利润，但是你会发现，靠自己的力量赢得的利润能带来更大的成就感。在这个过程中，你独立发掘机会，独立完成交易，并学会了耐心守候，密切注视危险信号，这便是正确的交易思维。

在本书第九章和第十章，我会把自己用来确定关键点的更复杂的方法和利弗莫尔市场准则结合起来进行详细解说。

很少有人能够根据偶尔得来的内幕消息或他人建议从交易中获

利。许多人求人告诉他们信息，但是他们并不知道怎样充分利用这些信息。

投资者问

有没有现成的典型例子呢？

杰西·利弗莫尔答

有一天，我参加一个晚会，一位女士非要我给她一些市场建议不可。我忍不住告诉她买进一些Cerro de Pasco①股票，因为那只股票当天刚刚向上突破了一个关键点。从第二天早晨开盘起，这只股票在一个星期之内总共上涨了15点，当中仅有一些无足轻重的回落过程。接下来，该股票的动作发出了一个危险信号。我想起了问我问题的那位女士，赶紧让我太太打电话叫她卖掉这只股票。直到这时我才得知，她想先看看我的消息是不是准确，还没有买进那只股票呢！猜一猜我在那一刻有多么吃惊吧！小道消息的世界就是这样让人摇摆不定。

商品市场经常会出现一些颇为诱人的关键点。可可是纽约可可交易所的交易品种。在绝大多数年份里，这种商品的行情都没有多少投机诱

① Cerro de Pasco指秘鲁中部矿业城市、帕斯科省首府——塞罗-德帕斯科。这座城市在1630年因银矿的发现而兴建，在17世纪至19世纪后期是世界上银的主要产地之一。那里曾设有美国人主管的塞罗-德帕斯科公司，该公司在1974年被秘鲁收归国有。当时杰西·利弗莫尔已经去世多年。

惑力。然而，如果你将投机看成严肃的生意，那么自然就会留意所有市场，随时寻求大机会。

交易案例

在1934年，12月的可可期权合约在2月达到了当年最高价6.23美元，10月达到了当年最低价4.28美元。1935年，12月的可可期权合约在2月达到了当年最高价5.74美元，最低价出现在当年的6月，达到了4.54美元。1936年的最低价出现在3月，达到了5.13美元。但是到了同年8月，由于某种原因，可可市场完全变成了另一副模样。市场的大幅波动发生了。8月可可的成交价位于6.88美元，这一价位远远高于前两年的最高点，也就是说高于最近的两个关键点。

到了1936年9月，可可的成交价达到了7.51美元的高度；10月，可可的最高价为8.70美元；11月，可可的最高价为10.80美元；12月则达到了11.40美元。1937年1月，可可创下了新的极端高位——12.86美元，这同时也创造了一个历史纪录，在5个月的时间内可可上涨了600点，中途仅有少数几次不足挂齿的正常回撤过程。

因为多年以来可可市场一直只存在一般规模的变动，因此这次股价急速上涨的背后一定有其重要的原因——可可的供给出现了严重短缺。那些密切注视可可市场关键点的人，就能够抓住可可市场提供的这次绝佳的机会。

当你亲手在行情记录本上记录价格，并观察和分析这些价格所形成的规律时，你的价格记录就开始对你“说话”，告诉你它的秘密。突然之间，你会领悟到，自己在行情记录本中所记录的价格正在形成某种特定的形态。这表明，你的行情记录已经能够越来越清楚地揭示出股票市场正在逐步发展的形势。它提示你回顾历史行情记录，看一看市场在过去一系列类似条件下最终出现了什么样的重大变化。它正在告诉你，凭着缜密的分析和良好的判断，你就有能力形成自己的主见。价格形态会提醒你，每一场重大的市场行情都几乎是个股价格运行趋势的重演，正因为如此，一旦你对过去的股票价格动作了然于胸，就能够正确地预测和应对即将到来的市场运行趋势，并从中获利。

投资者问

你这个方法能否保证投资者百战百胜?

杰西·利弗莫尔答

我打算强调这样一个重要的事实，那就是，我不认为这些行情记录是完美无瑕的，不过，它们对我的帮助是无可挑剔的。我确切地知道，我拥有坚实的基础来预计未来的价格波动，并且只要任何人愿意研究这些记录，亲手维护这些记录，就都可能在操作的过程中实现盈利。

如果将来有人采用我记录行情的方法，并且在市场上赢得的利润比我更多，我是一点儿都不会惊讶的。我之所以这么说，是因为一个前提：尽管我是在一段时间之前通过分析自己的行情记录得出自己的结论的，但现在开始应用这一方法的同行完全有可能轻易地从中发掘到被我遗漏的新价值点。

说得更清楚一点儿，我并没有进一步探究新的要点，因为从我过去相当长时间的应用经验来看，现有的成果已经完全满足了我的个人需求。无论如何，其他人或许都可以从我介绍的基本方法出发，发展出新的思路，而针对新的目标应用新的思路，将提升这些基本方法的价值。

如果你们能够做到青出于蓝而胜于蓝，你放心，我是不会忌妒你们的成功的！

本章小结

在本章中，杰西·利弗莫尔讲述了市场关键点的原理，并通过一些投资案例说明了利用关键点盈利的办法。他分享了以下几条宝贵的交易实操经验。

第一，不管什么时候，只要能够耐心等待市场到达关键点后再动手，就总能从交易中获利。

第二，正如市场在适当的时机会向你发出正面的入市信号一样，同样道理，市场也会向你发出负面的出市信号——但前提是你要有足够的耐心等待。

第三，在一轮行情中，大部分的行情大变动都发生在整个过程的最后48小时内，这是最重要的持有头寸的时期。

第四，我不喜欢用“牛市”和“熊市”两个词，宁愿使用“上升趋势”和“下降趋势”。如果当初你在入市时抱有市场处于明确的“牛市”或“熊市”的观点，那么当市场发生重大变化时，你将很难转变自己的思路。

第五，把时间要素与价格运动结合起来，用这种方式记录每一笔行情数据的时候，这些数据能帮助你最终锁定关键点的位置。

第六，当一位投机者开始有能力确定某只股票的关键点，并运用关键点来解释市场动作时，就等于有了相当的把握来建立那种从开始就一直盈利的头寸。

第七，切记，如果该股票在穿越关键点之后没有按照应有的模式运作，那么这就是一个需要密切注视的危险信号。

第八，你一定要投入大量时间来研究行情记录，必须亲手选择数据，亲手将这些数据填入记录本，亲手标记市场将在哪些价位到达关键点。

第九，如果你独立发掘机会，独立自主地交易，学会耐心守候，密切注视危险信号，那么你就能掌握正确的交易思维。

第六章

我也犯过损失百万美元的大错

即使是杰西·利弗莫尔这样的投资天才，也有败走麦城的时候。这是怎么一回事呢？

投资者问

前几章讲的多是原则层面的内容，你有没有更具体的操作准则?

杰西·利弗莫尔答

我在前几章想要给你介绍一些通用的交易准则。稍后，我会详细地讲解把时间要素和价格结合起来的具体准则。

应当指出，这些通用的交易准则并不是多余的。太多的投机者是凭着一时冲动买进或卖出，几乎把所有的头寸都堆积在同一个价位上，而不是拉开战线。这种做法是一个危险的错误。

我们不妨假设，你想买进某只股票500股，一开始先买进100股，然后，如果市场上涨了，再买进第二笔100股来“探路”，看看自己的判断是否正确，以此类推。但是后续买进的每一笔必然都会比前一笔的价位更高。

同样的原则也适用于卖空的时候。除非是在比前一笔更低的价位卖出，否则你绝对不要再卖出下一笔。据我所知，如果你遵循这一准则，就能比采取任何其他方法都更加接近市场正确的一边，因为你按照这样的程序去操作，所有的交易自始至终都是盈利的。你的头寸的确向你显示利润，这一事实有力地证明了你的判断是正确的。

投资者问

那么交易的第一步应该怎么做呢？

杰西·利弗莫尔答

根据我的交易惯例，第一步，你需要对某只股票的未来行情进行具体分析。第二步，你要确定在什么样的价位入市，这是非常重要的一步。研究你的价格记录本，仔细琢磨过去几个星期股票的价格运动。你在事前应该清楚，如果你所选择的股票确实要开启一轮上涨行情，则它应当到达某个点位；当它真的到达这个点位时，就是你投入第一笔头寸的时机。

建立第一笔头寸后，你要做个明确的决定——万一你判断错误，你最多愿意承担多大的风险。如果根据这里介绍的理论行事，也许你的头寸会有一两次的亏损。但是，只要你不灰心，当市场再次到达你认定的关键点时就坚决入市，那么一旦真正的上涨行情开启，你就势必已经在场内了。简而言之，你肯定不会丧失机会。

但是请注意，谨慎选择时机是绝对必要的，欲速则不达，操之过急的代价会非常惨重。

投资者问

听起来你好像有过惨痛的教训？

杰西·利弗莫尔答

不瞒你说，有一次我一时心浮气躁，没有选好入场时机，结果与一个能盈利100万美元的大好机会失之交臂。讲到这里，我感到羞愧难当，恨不得找个地缝钻进去。

多年以前，我曾经十分看好棉花行情。我坚定地认为棉花即将出现一轮很大的涨势。但是，就像常常发生的那样，此时市场本身尚未做好准备。然而，我一得出结论，就一头扑进了棉花市场。

交易案例

我最初的头寸是20000包棉花，以市价买进。这笔交易把原本沉闷的市场刺激得一下子上升了15点。后来，当我将最后100包棉花成交后，市场便开始下滑，在24小时内回到了开始买进时的那个价位。在这个价位上，市场沉睡了许多天。最后，我烦透了，就全部卖出，承受了包括佣金在内的大约30000美元的损失。而且不出所料，我的最后100包棉花是在向下回撤行情的最低价成交的。

几天之后，棉花市场似乎复苏了，再度引起了我的兴趣。这个投资机会在我脑子里挥之不去，我就是不能改变原先的念头，认为棉花市场即将形成大行情。于是，我再次买进了20000包棉花，结果历史又一次重演。由于我的买进指令，市场向上跳起来，完事后又“砰”的一声跌回到起点。等待让我苦恼，因此我又卖出了自己的头寸，其中最后一笔再次在最低价成交。

在前后六个星期中，我竟然重复了五次这种代价高昂的错误操作，每个回合的损失都在25000~30000美元。我感到万分自责。我总共扔下了接近20万美元，一丁点儿花钱的满足感都没尝到。于是，我向自己的经理人下令，让他在我第二天走进办公室之前把棉花行情收报机移除。我不想到时候禁不住诱惑，再多看棉花市场一眼。这件事实在令人郁闷，然而在投机领域，无论什么时候都需要有一个清醒的头脑，这种情绪显然于事无补。

那么，到底出了什么事呢?

就在我移除棉花行情报价机、对棉花市场完全失去兴趣的两天之后，该市场开始重整旗鼓，并且上涨过程一直持续下去，直至涨幅达到500点。在这轮异乎寻常的上涨行情中，中途仅仅出现过一次向下回落的过程，回调幅度也只有40点。

就这样，我失去了一个有史以来自己判断出的最具有吸引力、基础最牢靠的交易机会。

于是我失去了我人生中最好的赚钱机会。

投资者问

你认为导致这场失败的主要原因是什么呢？

杰西·利弗莫尔答

我通过反思，总结出两个方面的基本原因。

第一，我耐心不足，没有等到关键价格真正出现，就匆忙入市操作。我事先知道，只有棉花的成交价上升到每磅[①]12美分，才说明它真正进入了状态，将向更高的价位进发。但是事与愿违，我没有足够的耐心和严格的自制力等到这个突破的到来。

我当时的想法是，一定要在棉花市场到达关键价格之前以很快的速度额外多挣一点儿钱，所以我在市场时机成熟之前就匆忙出手了。结果到头来，我不仅损失了大约20万美元的真金白银，还丧失了盈利100万美元的机会。按照我原本的交易计划，我应该在市场超越关键点之后分批聚集10万包棉花的筹码，这个计划早就刻在我的脑子里。如果依计行事，我是不会错失这轮行情的，那时每包棉花最少能盈利200点左右。

第二，我仅仅因为自己判断失误，就纵容自己暴怒和自责，对棉花市场深恶痛绝，这种情绪跟稳健的投机规程是完全相悖的。我的损失完

---

① 1磅约为0.45千克。

全是由于缺乏耐心造成的，我没有耐心按照之前设想好的计划行事，没有等到合适的市场机会出现再入市，失败便是必然的结局。

投资者问

你如何看待自己的这次失败?

杰西·利弗莫尔答

从那之后，我学会了这一课——犯了错误就不要找借口。所有的同行都应当学会这一课。坦白承认错误，尽可能从中吸取教训，下次从中盈利。

我们犯错的时候都能意识到，市场也会告诉投机者什么时候他是错误的，因为他当时一定正在赔钱。当投机者第一次认识到自己的错误时，他就应当了结出市，坦然接受亏损，然后平静地研究行情记录，从中找出导致错误的原因，以便等待下一次大行情的出现。也就是说，他应该关心长期的得失。

随着时间的推移，在市场告诉你你出错了之前，其实你已经能先知先觉地感觉到自己出错了。这是一种相当高级的判断力，是潜意识在给你通风报信；也是建立在市场历史表现之上的来自投机者内心的一种信号。有时候，它是交易准则的先遣部队。下面让我详细解释一下为什么要这样说。

在（20世纪的）20年代后期的大牛市期间，有时候我同时拥有相当数量的各种股票，并且会持有相当长的时间。在此期间，自然的向下回撤行情时有发生，但我从来没有对自己的头寸感到过不自在。

但是迟早有一天，当市场收市以后，我会突然变得心神不宁。那一天，我一定会夜不能寐。每次快要睡着的时候，总感觉有什么在悄悄呼唤我，于是我醒过来，陷入沉思。第二天早晨，我在打开报纸之前满心害怕，似乎有某种不祥之兆正在迫近。就在这时，或许我还是发现所有的事情看起来都是玫瑰色的——市场正如日中天，高点已经出现，它看起来更完美了。而我那种奇怪的感觉似乎也已经完全经不起推敲，你甚至可以嘲笑我昨晚一夜无眠。然而，只有我自己心里明白，现在不是自嘲的时候。

因为再过一天，这个故事就会变得面目全非。

虽然没有出现灾难性的坏消息，但是在这一天，仅仅因为市场朝某个方向超长期运动之后经常可能形成突如其来的转折点，市场风云突变。这一天，我心烦意乱，六神无主。我不得不面对现实，迅速脱手一大堆头寸。仅仅在一天之前，我还能在离最高的极端价位2点之内轻松抛出所有头寸。然而，这一天，所有的情况已是天壤之别。

投资者问

你觉得自己的失败案例能给大家带来哪些启示呢？

杰西·利弗莫尔答

我相信，许多操盘手都曾经有过类似的经历。从市场本身来看，似乎一切都被希望点得火红，然而就是此时此刻，自己的内心世界却已经莫名闪起了警告自己当心的危险信号。这只是操盘手通过对市场长期研究和在市场长期历练而逐渐拥有的一种特殊敏锐感。

坦率地说，我总是对自己内心深处传来的告诫半信半疑，我更喜欢采用客观的科学准则。但是，实际情况往往照旧。有时候，正当所有事情似乎都一帆风顺时，我的内心会涌起一种极为不安的感觉。通过密切注意这种感觉，我在很多场合都受益匪浅。

这种精细的前方有危险的间接交易信号很有意思，似乎只有那些对市场动作敏感且根据市场运行规律来判断股价变动趋势的人才能明显感觉到。对于那些普通的投机者来说，看涨或看跌的感觉只不过是无意中听来的市场谣言，或者在报纸杂志上看到的公开评论。

投资者问

想要培养出这种对危险的敏感度，是不是需要把全部时间都花在投机市场才行?

杰西·利弗莫尔答

一定要牢记，在各种市场上投机的人数以百万计，其中只有屈指可数的少数人才会把全部时间都花在投机上。对于占压倒多数的绝大部分人来说，投机只不过是一桩碰碰运气的事情，而且成本高昂，最后还可能在上面亏很多钱。甚至在那些精明的生意人、专业人士和退休的老人看来，这也只是一个副业，不需要花费太多心思。如果不是因为某个经纪人或某个客户给他们提供什么诱人的内幕消息，他们之中绝大多数人都不会买卖股票。

偶尔，某人也开始交易，因为他从在某家大公司的内部委员会任职的朋友那里得到了一条热门的内幕消息。我在这里讲一个假想的例子吧。

交易案例

假定有一天，你在午宴上或者在某个晚会上遇到了在某公司任职的朋友。你们先聊了一会儿最近生意怎样，后来你向他打听他们公司的情况。嗯，生意不错，经济刚刚走出低谷，有所起色，前景应该越来越好。对呀，现在这家公司的股票这时候正有吸引力。

他可能出于一片诚心地说道：“的确，现在买进是挺好的时机。我们的业绩很出色，实际上好多年都没这么好过。你肯定还记得，上一次我们生意兴旺时，股票的价格是多少。”

你心动了，迫不及待地吃进这只股票。

果然，每当公司出季报时，都显示当季业绩好过前一季。公司宣布派发额外的红利。于是这只股票价格涨了又涨。你开始飘飘然，为账面的盈利想入非非。然而，过了一段时间，这家公司的业绩忽然开始急剧滑坡，变得一团糟。事先没有人通知你，你只知道这只股票的价格急速下跌。于是，你急忙打电话给你的那位朋友。

“是啊。”他答道，“最近我们公司的股票是下跌了一点儿，但是这看起来只是暂时的。营业额稍有下降。我刚刚听说，一些看空的人听到这些消息便对我们的股票发起攻击。所以下跌主要是卖空导致的。”

他可能还要告诉你其他的一大套陈词滥调，却隐瞒了真正的原因。因为他和他的董事会毫无疑问持有很多自己公司的股票，自从他们的业务即将严重滑坡的第一个确切征兆出现时起，只要市场还能承受，他们就会在第一时间尽多尽快地出货。如果他们告诉你真相，简直就是邀请你和他们竞相卖出，或许还会连带着邀请你们的其他朋友参与这场出货大赛。所以不告诉你真相其实是他的一种自我保护。

因此很简单，你的这位掌握了公司内幕消息的企业家朋友，很容易告诉你何时应当买进。但是，他不可能也不愿意告诉你何时应当卖出，因为那样做相当于是在背叛他的董事会。

投资者问

看来所谓的“内幕消息”是靠不住的。可是人的天性就是喜欢打探“内幕消息”，你是怎样克服这个人性的弱点的呢?

杰西·利弗莫尔答

我建议你最好随身携带一个小笔记本，简略地记下一些有趣的市场信息：你的想法，也许将来用得上；你的思路，可以时不时重温；还有你在观察价格变动时获得的灵感和体会的心得。在这个小笔记本的第一页，我建议你写上，不，最好打印出来这样一句话：

“提防内幕消息……一切内幕消息都不例外。”

在投机和投资事业里，成功只属于那些为之尽心尽力的人，这句话无论怎样强调都不过分。天上不会掉馅饼，没有人会轻易把钱送到你的手上。这就像那个身无分文的流浪汉的故事，饥肠辘辘驱使他壮起胆子走进餐馆点了一大份“诱人的、厚厚的、带鲜汁的牛排”，他还对黑人侍者加上一句：“叫你们老板麻利点儿。”不一会儿，那个侍者慢悠悠地走回来，哼哼唧唧道：“我们老板说了，要是有这样的牛排，他自己就先吃掉了。”

所以，即使钱从天上掉下来，也不会有人硬把它塞进你的口袋里。

本章小结

在本章中，杰西·利弗莫尔分享了自己一次失败的投资活动，损失多达100万美元。为此，他总结了以下几条宝贵的经验教训。

第一，先具体分析某只股票的未来行情；然后研究你的价格记录本，仔细琢磨过去几个星期股票的价格变动情况，当它真的到达某个点位时，就是你入市投入第一笔头寸的时机。

第二，你的头寸可能会有一两次的亏损，但是，只要你不灰心，当市场再次到达你认定的关键点就坚决入市，那么，一旦真正的市场行情来临，你就势必已经在场内了。

第三，谨慎选择时机是绝对必要的，欲速则不达，操之过急的代价会非常惨重。

第四，当投机者第一次认识到自己错了的时候，就是他了结出市之时，他应当接受亏损，尽量保持微笑地研究行情记录，找出导致错误的原因，为抓住下一次的大行情做好准备。

第五，你最好随身携带一个小笔记本，简略地记下一些有趣的市场信息：你的想法，也许将来用得上；你的思路，可以时不时重温；还有你在观察价格运动时获得的灵感和体会到的心得。

第六，提防内幕消息，一切内幕消息都不例外。

第七，天上不会掉馅饼，在投机和投资事业里，成功只属于那些为之尽心尽力的人。

第七章

一场盈利300万美元的交易

杰西·利弗莫尔一直在强调“耐心”的重要性。在这一章，他将为我们展示一个富有耐心的投资家会获得怎样的回报。

投资者问

能否谈谈你一生中印象最深的一次成功交易？

杰西·利弗莫尔答

正如第六章所讲的，我曾经由于没有耐心等待时机而错过了一次重大机会。如果抓住这次机会，我本来可以捕获价值不菲的利润。现在，我应当描述一个成功的例子，这一回我耐心等待事态的发展，直到关键的心理时刻到来，结果收获果然不错。

交易案例

那是1924年的夏天，当时小麦的价格已经到达我所说的关键点，所以我入市买进，第一笔单子买进了500万蒲式耳[①]的小麦。当时小麦市场的规模极为庞大，因此我在执行这种规模的交易指令时，对价格并没有明显影响。可以这么说，500万蒲式耳的小麦就相当于50000股的头寸对某一只股票的影响。

---

① 蒲式耳：计量单位，英文名bushel，符号为bushel（UK）或bu（US），通用代码：BUI（UK）或BUA（US）。蒲式耳与千克的转换在不同国家以及不同农产品之间是有区别的。在大豆和小麦上，英、美、加拿大和澳大利亚的蒲式耳都是一样的，1蒲式耳等于27.216千克。

就在这笔头寸执行后，市场立即进入牛皮[1]状态，并持续了好几天，不过在这期间都没有跌破我认为的关键价位。接下来，市场再度开始上升，并且达到了比前一波高点高几美分的价位。从这个高点开始，出现了一个自然的回撤，有几天市场再度进入牛皮状态，最后又恢复了上涨的进程。

当小麦价格突破下一个关键价位的时候，我赶紧发出指令再买进第二笔500万蒲式耳的小麦。这笔单子的平均成交价比关键点高了1.00-1/2美分[2]。在我看来，这个现象清楚地表明，市场正为进入强势状态做好准备。为什么这样说呢？因为我买入第二笔500万蒲式耳小麦的过程比第一笔困难得多。

第二天，市场没有像第一笔头寸执行完后那样向下回撤，而是上涨了3美分。不过，这个市场表现正好证明了我对市场的判断是正确的。此后，小麦市场逐步展开了一轮名副其实的大牛市行情。我用"大牛市"这个词，是因为我认为市场将要展开一轮长期上涨行情。据我估计，这轮上涨要持续好几个月的时间。无论如何，我还是没有完全意识到当前行情的全部潜力。后来，当我有了每蒲式耳25美分的利润之后，便清仓套现了——我坐在一旁，眼睁睁看着市场在几天之内继续上涨了20多美分。

此时此刻，我认识到自己已经铸成大错：我凭什么要担心失去那些

---

① 牛皮：股市术语，指在所考察的交易日里，证券价格上升或者下降的幅度很小，市价像被钉住了似的，如牛皮之坚韧。牛皮市是一种买卖双方在力量均衡时的价格行市表现。在牛皮市上往往成交量也很小。

② 在商品期货市场，基本报价单位是美分，因此1/2、1/4、1/8、1/16及其倍数的报价指的是美分以下的零头价格，这些基本单位分别相当于0.5、0.25、0.125、0.0625美分。"1.00-1/2"美元表示价格为1美元又0.5美分，即1.005美元，或100.5美分。

我从来没有真正拥有过的东西呢?

当时我太急于求成，太想把账面利润转换成真正的现金了。此时我本应该更加耐心一点儿，鼓起勇气把头寸持有到底。我心里明白，一旦时机成熟，市场到达某个关键点，它就会向我发出危险信号，并给我留下充裕的应对时间。

于是，我决定再次入市，重新买进的平均价位大约比第一个回合卖出的价位高了25美分。不过，刚开始我只有勇气投入一笔头寸，仅仅相当于我在第一个回合卖出数量的一半。还好，从此以后，我就一直持有这笔头寸，直到市场发出危险信号才罢手。

1925年1月28日，五月份小麦合约成交价达到了每蒲式耳2.05-7/8美元的高价位。2月11日，市场回落到了每蒲式耳1.77-1/2美元。就在小麦市场发生上述惊人的上涨行情的同时，还有另一种商品——黑麦，它的上涨行情甚至比小麦行情还要壮观。不过，和小麦市场相比，黑麦市场小得可怜，因此一笔相对较小的买进头寸就能导致价格快速上涨。

在上面介绍的操作过程中，我常常在市场上持有巨额的头寸，但其他人也有与我不相上下的巨额投入。据传，有一位操盘手曾经积聚了数百万蒲式耳小麦期货合约，同时还囤积了成千万蒲式耳的现货小麦。不仅如此，他为了支撑自己在小麦市场的头寸，还囤积了巨额的现货黑麦。据说，此人有时还利用黑麦市场来支撑小麦市场，当小麦市场开始动摇时，他在黑麦市场下单买进，借此稳定小麦的行情。

如前所述，与小麦市场相比，黑麦市场规模很小、广度很窄，只要执行一笔大额买进头寸，就能立刻引起一轮快速上涨，而这种波动不可避免地会折射到小麦市场，作用十分显著。无论何时，只要有人采取这种做法，大众就会蜂拥而至，疯狂买进小麦，从而把小麦的成交价也推向新高区域。

这个过程一直顺利地持续着，直到主要的上涨行情过去。当小麦市场开始向下回落时，黑麦市场也亦步亦趋，从1925年1月28日最高点的1.82-1/4美元，下跌到1.54美元，跌幅达28-1/4美分，与此同时，小麦的回落幅度达到28-3/8美分。3月2日，五月小麦回升到距离前期最高点3-7/8美分的位置，价格是2.02美元，但是黑麦并没有像小麦那样从下跌中强劲复苏，而是只回升到了1.70-1/8美元，此处比其前期最高点低12-1/8美分。

我在这段时间里一直密切注视着小麦和黑麦两个市场，上述反差令我受到强烈的震撼，我感觉有什么地方不对劲，因为在整个大牛市期间，黑麦的上涨总是领先小麦一步。现在，它不但没有领导谷物整体交易的上涨行情，反倒落在了后面。小麦已经恢复了这轮不正常回撤的绝大部分跌幅，而黑麦却没做到，大约落下了每蒲式耳12美分。这是一种我之前从来没有见过的市场动向。

于是我开始对此进行研究，想要弄清楚黑麦没有与小麦同比例地向上收复失地的原因。结果很快搞清楚了，原来大众对小麦市场抱有极大的兴趣，但是对黑麦市场却兴趣寥寥。如果黑麦市场行情完全是一人所为，那为什么突然之间他就忽视它了呢？我的结论是，要么他不再对黑麦有任何兴趣，已经出货离场了，要么就是他在两个市场同时卷入过深，已经没有额外的资金进一步加码了。

我当即判定，无论他是否还留在黑麦市场，他都不会再影响大局了。从市场角度看，上述两种原因无论是哪一个最终都会导致同样的结果。为此，我立即动手检验自己这个推论是否正确。

我先要查明黑麦市场的真实状况，我发现，黑麦市场的最新报买价是每蒲式耳1.69-3/4美元，于是我就在黑麦市场发了卖出20万蒲式耳的“市价指令”。当我发出指令的时候，小麦市场的报价是每蒲式耳2.02美元。在指令完成之前，黑麦每蒲式耳的价格下跌了3美分，在我的指令完成后2分钟之内，黑麦每蒲式耳的价格又重新回到了1.68-3/4美元。

通过上述交易指令的执行情况，我发现该市场没有太多的买卖指令。然而，我还是不确定市场到底将要发生什么情况，因此我再次下达指令卖出第二笔20万蒲式耳的黑麦，结果大同小异——执行指令时，市场下跌了3美分，但是当指令完成后，市场仅回升了1美分，上次可是回升了2美分啊！因此我对市场的走向还是心存疑虑，于是我又发出了第三笔执行指令，再卖出20万蒲式耳黑麦，结果开头还是一样——市场再次下跌，但是，这一次后面却没有回升。市场下跌的势头已经形成，因而会继续下降。

这就是我正在观察和一直等待的市场秘密警告信号。于是我自信地判断，如果某人在小麦市场上持有巨额头寸，却由于种种原因没有保护黑麦市场（我并不关心他的原因到底是什么），那么他同样不会或者不能支撑小麦市场。

于是我立即下达了“市价指令”，卖出了500万蒲式耳五月小麦。这笔单子的成交价从2.01美元卖到了1.99美元。那天晚上，小麦收市于每蒲式耳1.97美元附近，黑麦收市于每蒲式耳1.65美元。我很高兴，因为卖出指令最后成交的部分已经低于2美元了，而2美元属于关键点，市场已经向下突破了这个关键点，我对自己的头寸觉得很有把握，我也理所当然地绝不会对这笔交易有任何忧虑。

几天之后，我买回了自己的黑麦头寸。因为当初卖出只是试验性的操作，目的是确定小麦市场的状态，结果这些头寸给我带来了25万美元的利润。

与此同时，我继续卖出小麦，直至累计卖空头寸达到1500万蒲式耳。到1925年3月16日，五月小麦期权合约收市于每蒲式耳1.64–1/2美元；第二天一早，利物浦市场的行情折合美元比美国行情低了3美分，如果折算成相应的美元价格，则将导致我们的市场开市于每蒲式耳1.61美元附近。

这个时候，我做了一件过往经验告诉我不该做的事，就是在市场开盘之前发出交易指令，在1.61美元买入500万蒲式耳五月小麦。这个价格比前一天的收市价低了3–1/2美分。结果实际开盘时，成交价格的波动范围在1.61美元到1.54美元。我对自己说："你明知故犯，活该落得这样的下场。"

这一次还是人性本能压倒了直觉判断。我毫不怀疑，我的指令将会按照约定的1.61美元的价格成交，也就是按照当天开盘价区间的最高点买进。

就这样，当我看到每蒲式耳1.54美元的价格时，又发出了另一份指令，买进500万蒲式耳五月小麦。随即，我就收到一份成交报告："买进500万蒲式耳五月小麦，成交价1.53美元。"

我再次下达指令买进500万蒲式耳。不到一分钟，成交报告就出来了："买进500万蒲式耳，成交价1.53美元。"我自然地以为我的这次（第三笔）买进指令的成交价是1.53美元。随后，我要到了带有第一笔交易指令的成交报告[①]。

① 译者注：上面的两份成交报告分别是前面两笔交易指令的成交结果，而利弗莫尔当时以为是后面两笔的交易报告，所以他又重新向操盘手要了一份他认为的包含"第一笔交易指令成果"的成交报告。

下面就是经纪商交给我的成交报告：

向您报告，买进第一笔500万蒲式耳，完成您的第一份指令，成交价1.53美元。

向您报告，买进第二笔500万蒲式耳，完成您的第二份指令，成交价1.53美元。

以下是您第三份指令的成交报告：

350万蒲式耳，成交价 1.53美元。

100万蒲式耳，成交价 1.53-1/8美元。

50万蒲式耳，成交价 1.53-1/4美元。

这个交易日小麦的最低价是每蒲式耳1.51美元，第二天小麦的价格已经回到每蒲式耳1.64美元。在我的经验里，这是我头一次收到这种限价指令成交报告。我发出的指令是按照1.61美元的价格买进500万蒲式耳——市场开盘价位于1.61美元，而实际我却以1.53美元买入，这个差距意味着40万美元的盈亏。

不久之后，我有机会去芝加哥，见到了负责处置我的交易指令的那位操盘手先生。我问他当时是什么情况，为什么我的第一份限价指令执行得如此完美？他告诉我，当时他碰巧知道有一单卖出3500万蒲式耳的“市价指令”。他意识到，由于这笔卖单，不论开盘价有多低，开盘后总会有大量的小麦要在开盘价附近卖出，因此他只是等着，直到开盘行情的价格区间形成后才将我的指令按“市价”投入场内。

他表示，如果不是我的那些买单及时到达场内，市场可能会从开盘的水平急剧向下突破。

我这次交易的最终结果是净盈利300万美元以上。

投资者问

真是精彩的操盘，这样的交易技巧在今天还能使用吗？

杰西·利弗莫尔答

这个例子表明了在投机市场允许卖空机制的价值，因为持有卖空头寸的人会变成主动买入者，一旦发生恐慌，主动买入者便能发挥稳定器的作用，这正是市场极度需要的。

现在这类操作方式应该是无法再现了，因为现在商品交易管理委员会已经把任何个人在谷物市场上持有头寸的总额限制在了200万蒲式耳以内。此外，虽然在股票市场上并没有限制个人的头寸总额，但是按照现行的卖空规定，操作者同样不可能建立大规模的空头头寸。

因此我认为，老式操盘手的辉煌岁月已经一去不复返了。在未来，他们的位置会被“半投资者”[①]取代，这些人没有能力在市场上快速集聚如此之巨的利润，但是能够在一段时间内赚到更多的金钱，并且能够保住利润。我坚信，未来成功的“半投资者”将仅仅在市场心理时刻入市操作，并最终能够从每一轮大小规模的市场行情中获得更高比例的盈利，比纯粹的投机者历来所获得的利润都要多得多。

未来属于那些智慧过人、消息灵通、富有耐心的投机者，他们的前途将一片光明。

---

① 译者注：作者可能指将来的市场参与者将采取介于投机和投资之间的投资方式。

本章小结

在本章中，杰西·利弗莫尔为大家详细解说了自己的一次成功交易，尽管他在交易过程中也出现过一些失误，但最终结果是大获全胜。

他在案例中分享了几条宝贵的交易实操经验。

第一，耐心等待事态的进一步发展，直到关键的心理时刻到来。

第二，不要担心失去那些你从来没有真正拥有过的东西。要克制急于把账面利润转换成真正的现金的冲动。应该更耐心一点，鼓起勇气把头寸持有到底。

第三，不能让情绪的诱惑战胜理智的判断，不能让人性本能压倒直觉判断。

第四，在新的市场规则下，老式操盘手的辉煌岁月将一去不复返，未来属于那些智慧过人、消息灵通、富有耐心的投机者。

第八章

跟着利弗莫尔分析市场行情

杰西·利弗莫尔有独到的分析市场行情的方法。这个方法具体是如何操作的呢？

投资者问

你在前面提到了用笔记本做行情记录的办法。那么你是怎样逐步把这个方法变得更加体系化的呢?

杰西·利弗莫尔答

我把自己人生的很多时光奉献给了投机事业。时至今日，我终于大彻大悟，股票市场没有任何新花样，价格运动一直重复进行，尽管不同股票的具体情况各有区别，但是它们的一般价格运动形态是完全一致的。

如前所述，我感受到一种迫切的需要，即采取适当的价格记录方法使之成为预测价格运动的交易指南。我怀着极大的热情一头扎进这项工作中。后来，我开始努力寻求一个出发点，以便可以帮助我预测未来股票市场的价格运动，但这并非易事。

如今，我回顾以前的这些初步尝试，就能理解为什么我当时的研究不能迅速取得成果了。那时候的我满脑子都是“投机”二字，我的目的是要制定一种策略——整天在市场里买进卖出，捕捉小规模的日内行情变动。其实这是不对的，幸亏我及时清醒地认识到了这个错误。

我继续做行情记录，对其中蕴藏的真正价值满怀信心，相信它们只在等着我去挖掘。经过长期的努力，我终于揭示了其中的奥秘。我的行情记录清楚地告诉我，它们并不会帮助我追逐小规模的日内行情波动，但是，只要我瞪大眼睛，就能看到预告重大行情即将到来的价格形态正在形成。

从那以后，我决定不再记录所有微小的行情波动。

通过持续、密切研究的行情记录，我终于意识到，如果要正确地捕捉到即将到来的重大行情，时间要素至关紧要。于是，我充满了干劲，集中精力去研究市场这方面的特性。我试图找到一种方法来识别构成市场较小波动的成分。我意识到，即使市场处于明显的趋势中，也会包含许多小规模的震荡过程。过去它们总是令人迷惑，现如今，它们对我已经不是什么问题了。

我打算弄清楚自然的回撤行情或者自然的回升行情的初始阶段是由什么构成的。因此，我开始测算价格运动的幅度。起初，我计算的基本单位是一个点，发现不合适后我改为了两个点，以此类推，直到最终得出结论，了解到构成自然的回撤行情或自然的回升行情初始阶段的反向波动幅度。

投资者问

这种研究听起来很有意思，但真正做起来千头万绪。那么，你有没有找到什么更加简单易学、好操作的研究方法呢？

杰西·利弗莫尔答

为了便于讲解，我设计并制作了一种独特的表格纸，我在表格纸上排出了好几列，作为预计未来市场运行趋势的地图。每一只股票的行情都占六列，其价格按照规定分别记录在每一列内。这六列的标题分别如下。

第一列的标题是“次级回升”。

第二列的标题是“自然回升”。

第三列的标题是“上升趋势”。

第四列的标题是“下降趋势”。

第五列的标题是“自然回撤”。

第六列的标题是“次级回撤”。

如果把价格数据记录在“上升趋势”一栏，就用黑墨水填写；其左侧的两列用铅笔填写。如果把价格数据记录在“下降趋势”一栏，则用红墨水来填写；其右侧的两列，用铅笔填写。

如此一来，不论我把价格数据记录到“上升趋势”一栏，还是记录到“下降趋势”一栏，都能对当时的实际趋势形成强烈的印象。用不同颜色的墨水来明显地区分那些数据，那些数据就会对我说话。不论是红墨水还是黑墨水，一旦持续使用，那些数据就会明明白白地给我讲出一个故事。

如果总是用铅笔记录行情，我就会意识到，现在记录的只不过是自然的震荡（后面我将展示我的记录，请留意我在表格上用铅笔记录的数字）。

我断定，在某只股票的价格达到30美元或更高的情况下，只有当市场从极端点开始回升或回落大致6点的幅度后，才能表明市场正在形成自然的回升或回撤的过程。这一轮回升行情或者回落行情并不意味着原先的市场趋势正在发生变化，只是表明市场正在经历一个自然的变动过程。市场趋势与回升或回落行情发生之前完全一致。

投资者问

我有个疑问，用某只股票的动作来判断市场变化趋势，是不是有些过于草率？

杰西·利弗莫尔答

请容许我解释一下，我并不是把单只股票的变动情况当作该类股票运行趋势变化的标志。为了确认某类股票价格运行趋势是否已经明确发生改变，我会通过该类股票中两只股票股价变动的组合来构成该类股票价格变动的标志，这就是“组合价格”。也就是说，我通过把这两只股票的价格变动趋势结合起来，就可以得出我所谓的“组合价格”。

要说明的是，即使单只股票有时候能够形成足够大的价格行情变化趋势，甚至大到足以写入记录表的“上升趋势”栏或“下降趋势”栏中。但也不可仅依赖这一只股票来做判断，这样会把你卷入假信号的风险中。将两只股票的价格变动趋势结合起来，才能得到基本的保障。因此，趋势改变信号需要从组合价格变动上得到明确的验证。

现在，让我来阐述这一组合价格方法。我将严格坚持以6点变动准则作为判断依据。你会注意到，在我下面列举的记录中，有时候美国钢铁的变动仅有5-1/8点，与此同时伯利恒钢铁的相应变动则可能有7点。在这种情况下，我也把美国钢铁的价格记录在相应的栏目内。这样做的目的是，把两只股票的价格变动情况结合起来构成组合价格，使两者之和达到12点或更多，这正是市场所需的合适幅度。

当市场的价格变动幅度达到一个记录点时，也就是说，当两只股票的价格平均都变动了6点后，我便开始在同一列中接着记录此后任意一天市场创造的新极端价格。换言之，在上升趋势中，只要最新价格高于前一个记录便列入行情记录；在下降趋势中，只要最新价格低于前一个记录就列入行情记录。这个过程一直持续到行情反转。当然，对于反转后的行情，我也是基于同样的原则来认定的，即同样遵循两只股票的价格反向变动幅度达到平均6点、组合价格达到合计12点的原则。

你有没有发现，自从我发明在表格上记录股价变动情况这个方法以来，我就没有偏离过这些点数。如果没有产生我所需要的结果，也绝不找借口变通。请记住，我在行情记录中写下的这些数字并不属于我个人。这些点是否满足，是由当日交易过程中的实际价格变动所决定的。

投资者问

这种价格记录方式听起来很科学，那么它真的无懈可击吗？

杰西・利弗莫尔答

如果我夸耀自己发明的价格记录方式已经达到了尽善尽美的地步，那就太自以为是了。这样说会误人子弟，不真实。我只能说，经过多年的检验和磨炼，我觉得自己已经接近了某一点，并且能够以这一点为基础来维持行情记录。从这些记录出发，我就能够获得一张形象化的地图，并利用它来判定即将到来的重大行情变化，这是很有用处的。

俗话说：“机不可失，时不再来。”

毫无疑问，能否借助这个方法来取得成功，取决于当行情记录发出行动信号时你有没有勇气和定力去果断执行。其间没有任何徘徊不前的余地，你必须按照这条道路来磨炼自己的意志。如果你非要等什么人来给你解释，或者告诉你其中的奥秘，或者给你打气加油，那么，行动的时机早就已经溜走了。

我来举例说明一下。

交易案例

1939年9月，正当所有股票都经历快速上涨行情之际，欧洲爆发战争，于是整个市场都发生了自然的回撤。后来，那四个显要股票类型中的所有股票都收复了全部的回落幅度，并且再创新高——除了钢铁类股票。

在这种情况下，只要按照我的方法坚持做行情记录，任何人都会把注意力全部转移到钢铁类股票的表现上来。此时此刻，我们必须找出充分的理由，才能解释钢铁类股票没有和其他三类股票一道继续上涨的真实原因。当然存在很好的理由！然而，当时我并不知道这个理由，因此我感到很疑惑，以为没人能够对此做出合理的解释。

无论如何，做记录行情的人都能看出，钢铁类股票的表现说明了该类股票的整体上升趋势已经终结。直到1940年1月中旬，也就是4个月之后，相关事实才被公开，钢铁股当时的表现才算得到了合理的解释。

有关方面发布了一则公告，说那时英国政府卖出了超过10万股美国钢铁公司的股票，与此同时，加拿大也卖出了2万股。当这则公告发布后，美国钢铁的股价比它在1939年9月创造的最高价低了26点，伯利恒钢铁则低了29点，相比之下，其他三类股票中的个股仅仅比它们和钢铁类股票同期达到的最高价位下降了2~12点。

投资者问

你举这个案例，是想向大家说明什么呢？

杰西·利弗莫尔答

这一案例证明，在你本该买进或卖出某只股票时，力图先找出一个“好理由”的做法是荒唐的。如果你一定要等知道了那个理由后再出手，就会在交易中错失良机！这告诉你，投资者或投机者所需了解的唯一理由，从来就是市场表现本身。

无论何时，只要市场的动作不对劲，或者没有按照应有的规律变动（这就是充分的理由），就足以让你转变自己的观点，并且要马上转变。记住，一只股票之所以会出现出人意料的变动趋势，总有它的理由。而且往往直到未来某个时间之后，你才能了解这个理由，因此，当一只股票的价格走势反常时，你要迅速做出改变，不去理会为什么，这样才能抓住机会，实现获利。

我重申一遍，如果你打算利用大行情中途的微小波动来进行额外的交易，那么我这套准则是不会对你有什么帮助的。这套准则的用途在于捕捉重大的市场行情，并指明其开始和终结。

就此目的而言，如果你诚心奉行这套准则，就会发现它的独到价值。也许我还可以再重申一点，本准则的应用对象是价格在30美元以上的活跃股。虽然其基本原则同样适用于预测所有股票的未来变化，但是如果你用它来研究价格极低的股票，那就应对准则进行适当的调整。

这套准则并没有什么复杂之处，要是你感兴趣，很快就能掌握并理解它的所有内容，并顺理成章地将其运用于股票交易中。

在第十章，我将要原样展示自己的行情记录，还要详细解释我所填入的各种数据。

本章小结

杰西·利弗莫尔在这一章里阐述了自己发明的行情记录方法——一种由他精心设计的表格，它堪称是预测未来市场价格变动趋势的地图。此外，他还分享了以下几条宝贵的交易实操经验。

第一，不把单只股票的价格变动情况看作这一类股票价格趋势变化的标志。在该类股票中选出两只股票，把这两只股票的价格变动情况结合起来，就可以得出所谓的“组合价格”，从而构成这一类股票股价变动的标志。

第二，单只股票的价格变动有时候能够形成一波足够大的行情，大到足以写入记录表中“上升趋势”栏或“下降趋势”栏。但是，如果仅依赖这一只股票来做判断，就有把你卷入假信号的风险，将两只股票的价格变动情况结合起来，才能得到基本的保障。

第三，使用这个行情记录方法时，应该严格坚持以6点变动准则作为判断依据。因为把两只股票的价格变动组合起来构成组合价格，两者之和达到12点或更多，正是市场所需的合适幅度。

第四，在上升趋势中，只要最新价格高于前一个记录，便列入行情记录；在下降趋势中，只要最新价格低于前一个记录，就列入行情记录。这个过程一直持续到市场发生逆转，但判断是否真的发生了逆转要遵循股票的逆转运行幅度达到平均6点、组合价格达到合计12点的原则。

第五，当行情记录发出行动信号时，你必须有勇气果断执行。如果你想等别人给你一个行动理由，那么时机早就溜走了。

第六，无论何时，只要市场的动作不对劲，或者没有按照应有的规律去运行——这就是你执行下一步动作的充分理由。

第七，如果你打算利用重大市场运行行情中途的微小波动来进行额外的交易，那么我这一套准则是不会对你有任何帮助的。这套准则的用途在于捕捉重大市场行情，并指明重大行情的开始和终结。

第八，本准则的应用对象是价格在30美元以上的活跃股。虽然其基本原则同样适用于预计所有股票的未来变化，但如果你用它来研究价格极低的股票，那么就应当对准则进行适当的调整。

第九章

利弗莫尔操盘规则详解

杰西·利弗莫尔在本章详细解说了自己设计的行情记录表格的使用规则。

规则1：在“上升趋势”栏记录价格时，用黑墨水。

规则2：在“下降趋势”栏记录价格时，用红墨水。

译者解读

囿于当时的技术条件所限，利弗莫尔主要是通过对行情数字流进行跟踪分析来对股市做出判断，与现在投资者常用的图线分析法不同。利弗莫尔的这套规则的作用是及时识别主要的上升趋势和下降趋势。西方股市偏好用黑色表示上升，红色表示下跌，以便在做行情记录时相区别。

规则3：在其余栏记录价格时，用铅笔。

译者解读

利弗莫尔之所以要在图表的其他栏用铅笔记录数据，是为了突出主要趋势，也表示这是临时处置。但出于印刷的需要，在本书的图中用铅笔记录的数据都用灰色来表示。

规则4：（1）当市场发生回落行情，且下跌幅度超过“上升趋势”栏的最后一个数字约6点时，开始转换到“自然回撤”栏记录数据，并当天同时在“上升趋势”栏的最后一个数字下标一条红线。

译者解读

此前是在“上升趋势”栏中做记录，上升趋势行情曾不断创新高，因此，在“上升趋势”栏中所记录的也全是每次创新高的行情数字，其他小波动都被忽略掉了。

按照利弗莫尔的6点转向规则，只有当市场当前价格回落到距离“上升趋势”栏所记录的最后一个数字（也就是当前上升趋势的最高点）6点以上的位置时，才表明市场开始自然回撤，此后要把行情数据记录在“自然回撤”栏中。

他要求大家在“上升趋势”栏的最后一个数据下标两条红线，因为那是上升趋势前期的最高点，现在成了市场顶部的标志性水平，即利弗莫尔所说的关键点之一。

（2）当市场发生回升行情，且上升幅度超过“自然回撤”栏的最后一个数字约6点时，开始转换到“自然回升”栏或“上升趋势”栏记录数据，并于当天同时在“自然回撤”栏的最后一个数据下面标一条黑线。

译者解读

市场原本处于自然回撤状态，所记录的数据当然都是相继创新低的，其他小波动都被忽略掉了。如果市场从自然回撤阶段的最低点起向上回升的幅度达到6点，则可以判断市场已经脱离了自然回撤状态，进入自然回升状态或者上升趋势恢复状态。转换记录栏，就是为了识别和标注变化后的行情。

此前“自然回撤”栏的最后一个数字，即自然回撤阶段的最低价，就是利弗莫尔所说的另一个关键点。

此时你已有两个关键点可供观察，根据市场在这两个点附近的表现，就可以形成自己的判断——到底是原有的趋势确实即将恢复，还是原来的市场行情已告结?

（3）当市场发生回升行情，且上升幅度超过“下降趋势”栏的最后一个数字约6点时，开始转换到“自然回升”栏记录数据，并当天同时在“下降趋势”栏的最后一个数字下面标一条黑线。

译者解读

此前是在“下降趋势”栏中做记录，下降趋势行情曾经不断创新低，所记录的数字也屡创新低，其他小波动都被忽略掉了。

按照利弗莫尔的6点转向规则，只有当市场当前价格回升到距离“下降趋势”栏的最后一个数字（也就是当前下降趋势的最低点）6点以上的位置时，才说明市场开始“自然回升”，此后要把行情数据记录到自然回升栏中。

在“下降趋势”栏最后一个数据下标两条黑线，因为那是下降趋势前期最低点，现在成了市场底部的标志性水平，也就是利弗莫尔所说的关键点之一。

（4）当市场发生回落行情，且下降幅度超过“自然回升”栏的最后一个数字约6点时，开始转换到“自然回撤”栏或“下降趋势”栏记录数据，并于当天同时在“自然回升”栏的最后一个数字下面标一条黑线。

译者解读

市场原本处在自然回升状态，所记录的数字当然都是相继创新高的，其他小波动都被忽略掉了。一旦市场从自然回升阶段的最高点向下回落的幅度达到6点时，就判断市场已经脱离自然回升状态，进入自然回撤状态或者恢复下降趋势。

此前“自然回升”栏的最后一个数字就是自然回升阶段的最高点，即利弗莫尔所说的另一个关键点。

在下降行情进入调整阶段后，先有下降趋势前期最低点，再有调整阶段的最高点，两个关键点共同形成了调整阶段的价格区间。

通常来说，如果市场向下突破下降趋势前期最低点再创新低，就说明调整阶段结束，下降趋势恢复；如果市场向上突破调整阶段的最高点创出新高，并且创新高的幅度达到一定水平，就说明市场触底完成，原先的下降趋势也宣告结束。

规则5：（1）如果正在“自然回升”栏记录数字，最新出现的价格比“自然回升”栏内用黑线标记的最后一个价格高近3点或更多，那么这个价格就应当用黑墨水记入“上升趋势”栏。

译者解读

这是在趋势进入调整阶段后进一步判断趋势逆转的3点突破规则。在“自然回升”栏内用黑线标记的最后一个价格就是调整阶段价格区间的最高点。如果后来市场上涨超过了该水平，且超越的幅度达到了3点或更多，那么就说明底部形态已经形成，市场从下降趋势逆转为上升趋势。

（2）如果正在“自然回撤”栏记录数字，最新出现的价格比“自然回撤”栏内用红线标记的最后一个价格低近3点或更多，那么这个价格就应当用红墨水记入“下降趋势”栏。

译者解读

这同样是判断趋势真正逆转的3点突破规则。在“自然回撤”栏内用红线标记的最后一个价格就是调整阶段价格区间的最低点。如果后来市场跌破了该水平，且下跌的幅度达到3点或更多，就说明顶部形态已经形成，市场从上升趋势逆转为下降趋势。

规则6：（1）如果正在“上升趋势”栏中记录价格，新发生的价格回落幅度达到了大约6点的程度，那么就转到“自然回撤”栏记录这些价格。此后的每一天，只要该股票的价格低于“自然回撤”栏的最后记录的价格，就继续在该栏做记录。

译者解读

下面是对前几条规则的补充说明。在上升趋势中，只要市场持续创新高，则判断上升趋势持续；或者，虽然市场没有持续创新高，但以前期涨幅的最高点为标准，本次市场向下波动的幅度不到6点，也判断是上升趋势持续。只有当市场未持续创新高，且向下波动的幅度以前期最高点为标准达到或超过6点时，才判断是上升趋势转入自然回撤阶段。

在自然回撤阶段，只要市场持续创新低，就继续在“自然回撤”栏记录新低价格。也就是说，“自然回撤”栏中记录的是市场连续下跌的过程。

（2）如果正在“自然回升”栏记录价格，市场转头向下，且回落幅度达到了大约6点，那么就转到“自然回撤”栏记录这些价格。此后的每一天，只要该股票的价格低于“自然回撤”栏最新记录的价格，就继续在该栏记录数据。如果正在“下降趋势”栏记录价格，只要新价格低于“下降趋势”栏内最后记录的价格，就继续在“下降趋势”栏做记录。

译者解读

如果市场从自然回升阶段转为向下波动，当向下波动的幅度以前期上涨的高点为标准达到了6点时，就判断市场转入自然回撤阶段。之后只要价格持续创新低，即可判断自然回撤阶段持续，于是继续在“自然回撤”栏做记录。

如果市场原本处在下降趋势中，只要价格持续创新低，则判断下降趋势持续，就继续在“下降趋势”栏做记录。

（3）如果正在“下降趋势”栏记录数字，市场发生上涨行情，且上涨幅度以前期下跌低点为标准达到了大约6点，就转到“自然回升”栏记录价格。此后的每一天，只要该股票的价格高于“自然回升”栏内最后记录的价格，就继续在该栏做记录。

译者解读

这是判断下降趋势是否持续的6点转向规则。在下降趋势中，只要市场持续创新低，就判断为下降趋势持续；或者，虽然市场未持续创新低，但市场向上波动的幅度以前期下跌的最低点为标准不超过6点，那么也判断为下降趋势持续。只有当市场未持续创新低，且向上波动的幅度以前期下跌的最低点为标准达到或超过了6点后，才判断为下降趋势转入自然回升阶段。

在自然回升阶段，只要市场持续创新高，就继续在“自然回升”栏记录新高价格。也就是说，“自然回升”栏中记录的是市场连续上涨的过程。

（4）如果正在“自然回撤”栏记录数据，市场转为上涨行情，且涨幅以前期回撤低点为标准达到了大约6点，那么就转到“自然回升”栏记录这些数据。此后的每一天，只要该股票的价格高于“自然回升”栏内最后记录的价格，那么就继续在该栏做记录。当正在“上升趋势”栏记录价格，只要新的价格高于“上升趋势”栏内最后记录的价格，那么就继续在“上升趋势”栏做记录。

译者解读

如果股价从自然回撤阶段转为向上波动，且向上波动的幅度以前期回撤低点为标准达到了6点，则判断市场转入自然回升阶段，此后只要价格持续创新高，就判断自然回升阶段持续，则继续在“自然回升”栏做记录。

如果市场原本处在上升趋势中，只要价格持续创新高，则判断上升趋势持续，继续在“上升趋势”栏做记录。

（5）当你开始在“自然回撤”栏记录数据时，如果新的价格低于“下降趋势”栏内最后记录的数字，那么就应当把这个价格用红墨水记录在“下降趋势”栏。

译者解读

原本判断市场处在自然回撤状态，但是，如果市场持续创新低，跌破了“下降趋势”栏记录的最低点，那么就判断市场处于下降趋势。

（6）与上述规则相同，当你在“自然回升”栏记录数据的时候，最新的价格高于“上升趋势”栏内最后记录的价格，那么就停止在“自然回升”栏记录数据，把这个价格用黑墨水记录在“上升趋势”栏。

译者解读

原本判断市场处在自然回升状态，但是，市场持续创新高，向上突破了“上升趋势”栏记录的最高点，那么就判断市场处于上升趋势。

（7）如果正在“自然回撤”栏记录数据，行情转为上升趋势，且上升幅度以“自然回撤”栏内最新记录的下跌数据为标准达到了大约6点，但是，这个价格并没有向上超过“自然回升”栏内最后记录的数据，那么就应当把这个价格记录在“次级回升”栏，并且此后始终在该栏记录，直到最新成交价格向上超越了“自然回升”栏内最后记录的数据，就应当重新转到“自然回升”栏记录数据。

译者解读

当市场处于横向调整状态时，往往会在价格区间范围内上下往返多次。对于横向调整过程中的多次往返，也遵循6点转向规则来转换记录栏。

市场从自然回撤阶段转为向上波动，且波动幅度以自然回撤阶段的低点为标准达到了6点，符合6点转向规则，那么就应当转换记录栏。不过，行情并没有向上超越自然回升阶段最后记录的高点，因此不能在“自然回升”栏中刷新记录，要将该上升行情记录到“次级回升”栏内。

如果次级回升行情达到的高度超越了“自然回升”栏内最后所记录的高点，就判断行情属于“自然回升”阶段，回到“自然回升”栏刷新其最高点记录。不过，根据规则5（1），向上超越的幅度不可以超过3点，否则属于主要趋势逆转。

（8）如果正在“自然回升”栏记录数据，市场却从回升趋势转向了下跌状态，并且下跌了大约6点，但是下跌到的点位并未达到“自然回撤”栏中最后记录的下跌点位，那么就应当把这个价格记录到“次级回撤”栏，并且此后始终在该栏记录，直到最新成交价低于“自然回撤”栏内最后记录的价格，再重新转到“自然回撤”栏记录数据。

译者解读

市场从自然回升阶段向下波动，且向下波动的幅度以自然回升阶段的高点为标准达到了6点，符合6点转向规则，此时就应当转换记录栏。不过，行情并没有向下跌破自然回撤阶段的低点，因此不能在“自然回撤”栏中刷新记录，要将上述行情记录到“次级回撤”栏，判断其属于次级回撤行情。如果次级回撤行情下跌的程度超越了“自然回撤”栏中所记录的低点，那么就判断行情属于自然回撤阶段，回到“自然回撤”栏记录。不过，根据规则5（2），向下跌的幅度不可以超过“自然回撤”栏所记录的低点3点，否则属于主要趋势逆转。

规则7：同样原则也适用于记录组合价格，不过这里以12点作为基础，而在单只股票的情况下以6点为准。

规则8：当一段回落行情或上冲行情结束后，我们开始在“自然回升”栏或者“自然回撤”栏重新记录数据，此时，先前在“下降趋势”栏或“上升趋势”栏中最后记录的价格就成了关键点。

正是在上述关键点形成后，这些行情记录才产生了极大的价值，可以帮助你正确预计下一轮重大行情。这些关键点的下方标有两道红色或黑色墨水线，以便吸引你的注意。标注这些线的目的很明确，就是要将这些点始终放在你的眼皮子底下。无论何时，只要最新成交价位于这些点附近，那么你就应该非常谨慎地关注市场变动情况。你的决策取决于此后的价格记录。

规则9：（1）当你在“下降趋势”栏看到最后记录的价格下方标注了黑线时，你也许会在该点附近得到买进信号。

译者解读

在下降趋势持续的过程中，间断地发生回升行情，趋势进入调整阶段。遇到这种情况时，我们首先要关注下降趋势继续的信号，然后还要关注下降趋势逆转为上升趋势的信号。

黑线标记的价格是下降趋势的前期低点，向下突破，则下降趋势继续；不能向下突破，则可能是下降趋势转向的警告信号。后者是利弗莫尔所说的“也许会在该点附近得到买进信号”。

（2）如果在“自然回升”栏看到某个价格下方标注了黑色线，那么当该股票在下一轮上冲过程中接近该关键点位时，就是判断市场是否足够坚挺，是否即将改变路线进入上升趋势的时刻。

译者解读

黑线标记的价格是下降趋势的前期高点，向上突破，则下降趋势逆转为上升趋势。

（3）反之亦然。当你在“上升趋势”栏看到最后记录的价格下方标有红线时，或者当你在“自然回撤”栏看到最后记录的价格下方标有红线时，你就应该判断是否市场趋势将发生逆转，进入下跌通道。

译者解读

在上升趋势持续的过程中，间断地发生回撤行情，趋势进入调整阶段。遇到这种情况时，我们首先要关注上升趋势继续的信号，然后要关注上升趋势逆转为下降趋势的信号。

规则10：（1）设计这一整套方法的目的是让我们有能力看清楚，当某只股票首次出现自然回升或自然回撤现象后，其后续动作到底是否属于原趋势状态的应有表现形式。如果原先的市场行情将以明确的方式继续，则不论上升还是下降，价位都会穿越先前的关键点——对于单只股票来说，穿越的幅度应当为3点；在组合价格的情况下，穿越幅度应当为6点。

译者解读

当趋势进入调整阶段后，对行情常规的预计只是原趋势中的小幅度调整，趋势运行的大方向不会发生改变，这是规则6（6）的情形。

（2）在上升趋势的情况下，在一轮自然回撤行情结束后，新价格必然向上超越最新关键点（数字下方标有红线）3点或更多，新价格将记录在“上升趋势”栏。如果该股票未能做到这一点，并且在一轮回落行情中，下跌到最新关键点（记录在“上升趋势”栏中的下方标有红线的数据）之下3点或更多，则可能说明该股票的上升趋势已经结束。

译者解读

如果原趋势发生逆转，则需要把焦点转向另一个关键点，请参见规则5（2）。

（3）将上述原则应用到下降趋势，如果下降趋势将以明确的方式继续，则在一轮自然回升行情结束后，新价格必须向下伸展到最新关键点（数字下方标有黑线）之下3点或更多，新价格将记录在“下降趋势”栏。

译者解读

请参见规则6（5）。

（4）如果该股票未能做到这一点，并在一轮回升行情中股价上升到了最新关键点（记录在“下降趋势”栏中的下方标有黑线的数据）之上3点或更多，则可能说明该股票的下降趋势已经结束。

译者解读

请参见规则5（1）。

（5）如果正在“自然回升”栏记录数据，但当前上冲行情在“上升趋势”栏最新关键点（其下方标有红线）之下、接近该关键点的价位终止，并且该股票从这一点开始向下回落3点或更多，则构成了一个危险信号，说明该股票的上升趋势可能已经终结。

译者解读

在上升趋势调整阶段，先是回升行情未能挑战前期高点，再下挫3点以上，就可能是上升趋势即将逆转的警告信号。

（6）如果正在“自然回撤”栏记录数据，但当前回落行情在“下降趋势”栏最新关键点（其下方标有黑线）之上、接近该关键点的价位终止，并且该股票从这一点开始向上回升了3点或更多，则构成一个警告信号，说明该股票的下降趋势可能已经完结。

译者解读

在下降趋势调整阶段，先是回落行情未能挑战前期低点，再向上反弹3点以上，则可能是下降趋势即将逆转的警告信号。

第十章

利弗莫尔交易图表手稿及释义

杰西·利弗莫尔在本章分享了自己亲手记录的十六张市场行情图表。

如表10-1所示，从1938年4月2日开始，价格记录在“自然回升”栏，请参见规则说明6（2）。在“下降趋势”栏内最后价格下画黑线，请参见规则说明4（3）。从1938年4月28日开始，价格记录在“自然回撤”栏，请参见规则说明4（4）。

译者解读

表10-1的数据表明：从1938年3月23日至3月31日：下降趋势（前期高点为$62\frac{1}{8}$），连续下跌，最低点38。这是下降趋势进入调整阶段后的关键点之一。

从1938年3月31日至4月16日：自然回升，最高点49。这是下降趋势进入调整阶段后的关键点之二。

请注意，“译者解读”只针对“美国钢铁”1938年3月23日至1940年2月19日的数据进行说明。

表10-1 1938年3月23日—5月4日数据记录

时间	次级回升	自然回升	上升趋势	下降趋势	自然回撤	次级回撤	次级回升	自然回升	上升趋势	下降趋势	自然回撤	次级回撤	次级回升	自然回升	上升趋势	下降趋势	自然回撤	次级回撤
		65 5/4							57						122 3/4			
				48 1/2							43 1/4					91 3/4		
		62 1/8							65 7/8						128			
				48 1/4							50 1/8						98 3/8	
1938								56 1/8										
日期			美国钢铁						伯利恒钢铁						组合价格			
3月23				47													97 1/4	
24												50 3/4						
25				44 3/4						46 3/4						91 1/2		
周六26				44						46						90		
28				43 5/8												89 5/8		
29				39 5/8						43						82 5/8		
30				39						42 1/8						81 1/8		
31				38						40						78		
4月1																		
周六2		43 1/2						46 3/8						89 7/8				
4																		
5																		
6																		
7																		
8																		
周六9		46 1/2						49 3/4						96 1/4				
11																		
12																		
13		47 1/4												97				
14		47 1/2												97 1/4				
周六16		49						52						101				
18																		
19																		
20																		
21																		
22																		
周六23																		
25																		
26																		
27																		
28					43													
29					42 3/8						45						87 3/8	
周六30																		
5月2					41 1/2						44 1/4						85 3/4	
3																		
4																		

表10-2中的这些数字都是从表10-1中转录来的，目的是将关键点始终放在你的眼皮子底下。

从1938年5月5日至5月21日，没有记录任何价格，因为在此期间既没有任何新价格低于“自然回撤”栏内的最后价格，也没有任何回升行情高到值得记录的程度。

1938年5月27日，伯利恒钢铁的价格用红色[①]记录，因为这一价格低于“下降趋势”栏中的前一个记录，请参见规则说明6（2）。

1938年6月2日，伯利恒钢铁在43的价位构成买进良机，请参见规则说明10（3）和10（4）。同一天，美国钢铁在$42\frac{1}{4}$的价格构成买进良机，请参见规则说明10（6）。1938年6月10日，伯利恒钢铁的价格记录在“次级回升”栏，请参见规则说明6（7）。

译者解读

从1938年4月16日至5月31日：自然回撤，最低点$39\frac{1}{4}$，稍高于下降趋势最低点38，依然属于调整阶段。

从1938年5月31日至6月22日：次级回升，最高点$48\frac{1}{2}$。至此日（6月22日，见表10-3）为止，行情没有突破调整阶段的前期高点，归类为次级回升。

① 在本书图表中，浅色数字或横线表示红色，深色数字或横线表示黑色。

表10-2　1938年5月5日—6月16日数据记录

时间	次级回升	自然回升	上升趋势	下降趋势	自然回撤	次级回撤	次级回升	自然回升	上升趋势	下降趋势	自然回撤	次级回撤	次级回升	自然回升	上升趋势	下降趋势	自然回撤	次级回撤
				38						40						78		
		49						52						101				
1938					41 1/2						44 1/4						85 3/4	
日期			美国钢铁						伯利恒钢铁						组合价格			
5月5																		
6																		
周六7																		
9																		
10																		
11																		
12																		
13																		
周六14																		
16																		
17																		
18																		
19																		
20																		
周六21																		
23											44 1/8						85 5/8	
24											43 1/2						85	
25					41 3/8						42 1/2						83 7/8	
26					40 7/8						40 1/2						80 5/8	
27					39 7/8					39 3/4							79 5/8	
周六28																		
31					39 1/4												79	
6月1																		
2																		
3																		
周六4																		
6																		
7																		
8																		
9																		
10							46 1/2											
周六11																		
13																		
14																		
15																		
16																		

1938年6月20日（见表10-3），美国钢铁的价格记录在“次级回升”栏，请参见规则说明6（7）。

1938年6月24日，美国钢铁和伯利恒钢铁的价格均用黑墨水记录在“上升趋势”栏，请参见规则说明5（1）。

1938年7月11日，美国钢铁和伯利恒钢铁的价格均记录在“自然回撤”栏，请参见规则说明6（1）和4（1）。

1938年7月19日，美国钢铁和伯利恒钢铁的价格均用黑墨水记录在“上升趋势”栏，因为它们的最新价均高于“自然回撤”栏内最后记录的价格约6点，请参见规则说明4（2）。

译者解读

从1938年6月22日至6月23日：自然回升，继续上涨至$51\frac{1}{4}$。请注意，当日行情继续上涨，超过了调整阶段的前期高点，但尚未达到3点以上时，仍归类为自然回升。

从1938年6月23日至7月7日：上升趋势，持续上涨至$61\frac{3}{4}$。行情持续上涨，超过了调整阶段的前期高点，达到了3点以上，转入“上升趋势”栏记录数据，因为这表明原来的下降趋势已经逆转方向。

从1938年7月7日至7月12日：自然回撤，最低点$55\frac{1}{2}$。上升趋势过程中发生自然回撤，请注意双红线标记的调整阶段的两个关键点。

从1938年7月12日至7月25日：上升趋势，最高点$63\frac{1}{4}$。经过短暂回落后，市场向上突破了前期高点（关键点之一），表明上升趋势恢复。

表10-3　1938年6月17日—7月29日数据记录

时间	次级回升	自然回升	上升趋势	下降趋势	自然回撤	次级回撤	次级回升	自然回升	上升趋势	下降趋势	自然回撤	次级回撤	次级回升	自然回升	上升趋势	下降趋势	自然回撤	次级回撤
		49		38						40						78		
								52						101				
					39 1/4					39 3/4							79	
1938							46 1/2											
日期			美国钢铁						伯利恒钢铁						组合价格			
6月17																		
周六18																		
20	45 3/8						48 1/4						93 5/8					
21	46 1/2						49 7/8						96 3/8					
22	48 1/2						50 7/8						99 3/8					
23		51 1/4						53 1/4						104 1/8				
24			53 3/4						55 1/8						108 7/8			
周六25			54						58 1/8						113			
27																		
28																		
29			56 7/8						60 1/8						117			
30			58 3/8						61 5/8						120			
7月1			59												120 5/8			
周六2			60 7/8						62 1/2						123 3/8			
5																		
6																		
7			61 3/4												124 1/4			
8																		
周六9																		
11					55 5/8						56 3/4					112 3/8		
12					55 1/2											112 1/4		
13																		
14																		
15																		
周六16																		
18																		
19			62 3/8						63 1/8						125 1/2			
20																		
21																		
22																		
周六23																		
25			63 1/4												126 3/8			
26																		
27																		
28																		
29																		

1938年8月12日（见表10-4），美国钢铁的价格记录在“次级回撤”栏，因为其最新价没有低于先前在“自然回撤”栏记录的最后价格。同一天，伯利恒钢铁的最新价记录在“自然回撤”栏，因为其最新价格低于先前在“自然回撤”栏记录的最后价格。

1938年8月24日，美国钢铁和伯利恒钢铁的价格均记录在“自然回升”栏，请参见规则说明6（4）。

1938年8月29日，美国钢铁和伯利恒钢铁的价格均记录在“次级回撤”栏，请参见规则说明6（8）。

译者解读

从1938年7月25日至8月13日：次级回撤，最低点$56\frac{1}{2}$。这段行情龟缩在调整阶段的范围内，划入“次级回撤”栏。不过，同期的伯利恒钢铁行情与组合的行情都归入了“自然回撤”栏。因此严格按照规则，之前上升趋势已经创新高，不算调整阶段，不宜与前期低点比较，这段行情似乎应划入“自然回撤”栏更合适。

从1938年8月13日至8月26日：自然回升，最高点$61\frac{7}{8}$，没有达到上升趋势的前期高点。

从1938年8月26日至8月29日：次级回撤，最低点$56\frac{1}{8}$。该低点低于8月13日的最低点$56\frac{1}{2}$，似乎归入“自然回撤”栏更合适。

表10-4　1938年7月30日—9月10日数据记录

时间	次级回升	自然回升	上升趋势	下降趋势	自然回撤	次级回撤	次级回升	自然回升	上升趋势	下降趋势	自然回撤	次级回撤	次级回升	自然回升	上升趋势	下降趋势	自然回撤	次级回撤
			$61\frac{3}{4}$						$62\frac{1}{2}$						$124\frac{1}{4}$			
					$55\frac{1}{2}$						$56\frac{3}{4}$						$112\frac{1}{4}$	
			$63\frac{1}{4}$						$63\frac{1}{8}$						$126\frac{3}{8}$			
1938																		
日期			美国钢铁						伯利恒钢铁						组合价格			
周六7月30																		
8月1																		
2																		
3																		
4																		
5																		
周六6																		
8																		
9																		
10																		
11																		
12						$56\frac{3}{8}$						$54\frac{7}{8}$						$111\frac{1}{2}$
周六13						$56\frac{1}{2}$						$54\frac{5}{8}$						$111\frac{1}{8}$
15																		
16																		
17																		
18																		
19																		
周六20																		
22																		
23																		
24		$61\frac{5}{8}$						$61\frac{3}{8}$						123				
25																		
26		$61\frac{7}{8}$						$61\frac{1}{2}$						$123\frac{3}{8}$				
周六27																		
29						$56\frac{1}{8}$						55						
30																		
31																		
9月1																		
2																		
周六3																		
6																		
7																		
8																		
9																		
周六10																		

如表10-5所示，1938年9月14日，美国钢铁的价格记录在“下降趋势”栏。请参见规则说明5（2）。同一天，伯利恒钢铁的最新价格记录在“自然回撤”栏。之所以依然把该价格记录在“自然回撤”栏，是因为它没有达到比先前记录的带有红线标志的最后价格低3点的程度。9月20日，美国钢铁和伯利恒钢铁的价格均记录在“自然回升”栏。美国钢铁请参见规则说明6（3），伯利恒钢铁请参见规则说明6（4）。

1938年9月24日，美国钢铁的价格用红墨水记录在“下降趋势”栏，这是该栏的新价格。9月29日，美国钢铁和伯利恒钢铁的价格均记录在“次级回升”栏，请参见规则说明6（7）。

1938年10月5日，美国钢铁的价格用黑墨水记录在“上升趋势”栏，请参见规则说明5（1）。

1938年10月8日，伯利恒钢铁的价格用黑墨水记录在“上升趋势”栏，请参见规则说明6（4）。

译者解读

从1938年8月29日至9月13日：自然回撤，最低点$54\frac{1}{4}$。沿着前期次级回撤的轨迹顺延，向下创新低，但尚未向下突破3点以上，因此转入“自然回撤”栏。

从1938年9月13日至9月14日：下降趋势，最低点52。继续向下突破前期低点3点以上，转入“下降趋势”栏。

从1938年9月14日至9月21日：自然回升，最高点58。

从1938年9月21日至9月28日：下降趋势，最低点$50\frac{7}{8}$。这个低点没有比前期低点低3点以上，但是创新低了，按照规则判断下降趋势继续。

从1938年9月28日至9月29日：次级回升，最高点$57\frac{1}{8}$。

从1938年9月29日至10月3日：自然回升，最高点$60\frac{3}{8}$。

从1938年10月3日至11月12日（见表10-6）：上升趋势，最高点$71\frac{1}{4}$跟当年5月31日至7月7日的情况一样，在从下降趋势逆转为上升趋势的过程中，随着行情持续上升，市场起先未达到前期高点，归入次级回升行情；然后，股价向上超越前期高点但未及3点，进入常规的回升行情；最后，股价向上突破前期高点且超越3点，进入上升趋势。除非市场趋势在短暂休整后立即恢复，否则都会发生逆转。

表10-5　1938年9月12日—10月24日数据记录

时间	次级回升	自然回升	上升趋势	下降趋势	自然回撤	次级回撤	次级回升	自然回升	上升趋势	下降趋势	自然回撤	次级回撤	次级回升	自然回升	上升趋势	下降趋势	自然回撤	次级回撤
			63 1/4						63 1/8						126 3/8			
					55 1/2						54 3/8						111 1/8	
		61 7/8						61 1/2						123 3/8				
1938						56 1/8						55						
日期			美国钢铁						伯利恒钢铁						组合价格			
9月12																		
13					54 1/4						53 5/8						107 7/8	
14				52							52 1/2					104 1/2		
15																		
16																		
周六17																		
19																		
20		57 5/8						58 1/4										
21		58												116 1/4				
22																		
23																		
周六24				51 7/8							52					103 7/8		
26				51 1/8							51 1/4					102 3/8		
27																		
28				50 7/8							51					101 7/8		
29	57 1/8						57 3/4						114 7/8					
30		59 1/4						59 1/2						118 3/4				
周六10月1		60 1/4						60						120 1/4				
3		60 3/8						60 3/8						120 3/4				
4																		
5			62					62							124			
6			63					63							126			
7																		
周六8			64 1/4						64						128 1/4			
10																		
11																		
13			65 3/8						65 1/8						130 1/2			
14																		
周六15																		
17																		
18																		
19																		
20																		
21																		
周六22			65 7/8						67 1/2						133 3/8			
24			66												133 1/2			

如表10-6所示，1938年11月18日，美国钢铁和伯利恒钢铁的价格均记录在“自然回撤”栏，请参见规则说明6（1）。

译者解读

从1938年11月12日至11月28日：自然回撤行情，最低点61。这里用双红线标记了上升趋势调整阶段的两个关键点。

如表10-7所示，1938年12月14日，美国钢铁和伯利恒钢铁的价格均记录在“自然回升”栏，请参见规则说明6（4）。

1938年12月28日，伯利恒钢铁的价格用黑墨水记录在“上升趋势”栏，因为这个价格高于该栏内记录的最后价格。

1939年1月4日，根据利弗莫尔方法，市场的下一轮趋势正被揭示出来，请参见规则说明10（1）和（2）。

1939年1月12日，美国钢铁和伯利恒钢铁的价格均记录在“次级回撤”栏内，请参见规则说明6（8）。

译者解读

从1938年11月28日至1939年1月4日：自然回升，最高点70，没有超越上升趋势前期高点。

从1939年1月4日至1月21日：次级回撤，最低点62。

表10-6 1938年10月25日—12月8日数据记录

时间	次级回升	自然回升	上升趋势	下降趋势	自然回撤	次级回撤	次级回升	自然回升	上升趋势	下降趋势	自然回撤	次级回撤	次级回升	自然回升	上升趋势	下降趋势	自然回撤	次级回撤
1938			66						$67\frac{1}{2}$						$133\frac{1}{2}$			
日期			美国钢铁						伯利恒钢铁						组合价格			
10月25			$66\frac{1}{8}$						$67\frac{7}{8}$						134			
26																		
27			$66\frac{1}{2}$						$67\frac{7}{8}$						$135\frac{3}{8}$			
28																		
周六29																		
31																		
11月1									69						$135\frac{1}{2}$			
2																		
3									$69\frac{1}{2}$						136			
4																		
周六5																		
7			$66\frac{3}{4}$						$71\frac{7}{8}$						$138\frac{5}{8}$			
9			$69\frac{1}{2}$						$75\frac{3}{8}$						$144\frac{7}{8}$			
10			70						$75\frac{1}{2}$						$145\frac{1}{2}$			
周六12			$71\frac{1}{4}$						$77\frac{5}{8}$						$148\frac{7}{8}$			
14																		
15																		
16																		
17																		
18					$65\frac{1}{8}$						$71\frac{7}{8}$						137	
周六19																		
21																		
22																		
23																		
25																		
周六26					$63\frac{1}{4}$						$71\frac{1}{2}$						$134\frac{3}{4}$	
28					61						$68\frac{3}{4}$						$129\frac{3}{4}$	
29																		
30																		
12月1																		
2																		
周六3																		
5																		
6																		
7																		
8																		

表10-7　1938年12月9日—1939年1月21日数据记录

时间	次级回升	自然回升	上升趋势	下降趋势	自然回撤	次级回撤	次级回升	自然回升	上升趋势	下降趋势	自然回撤	次级回撤	次级回升	自然回升	上升趋势	下降趋势	自然回撤	次级回撤
			$71\frac{1}{4}$						$77\frac{5}{8}$						$148\frac{7}{8}$			
					61						$68\frac{3}{4}$						$129\frac{3}{4}$	
1938																		
日期			美国钢铁						伯利恒钢铁						组合价格			
12月9																		
周六10																		
12																		
13																		
14		$66\frac{5}{8}$						$75\frac{1}{4}$						$141\frac{7}{8}$				
15		$67\frac{1}{8}$						$76\frac{3}{8}$						$143\frac{1}{2}$				
16																		
周六17																		
19																		
20																		
21																		
22																		
23																		
周六24																		
27																		
28		$67\frac{3}{4}$							78					$145\frac{3}{4}$				
29																		
30																		
周六31																		
1939 1月3																		
4		70							80						150			
5																		
6																		
周六7																		
9																		
10																		
11												$73\frac{3}{4}$						
12						$62\frac{5}{8}$						$71\frac{1}{2}$						$134\frac{1}{8}$
13																		
周六14																		
16																		
17																		
18																		
19																		
20																		
周六21						62						$69\frac{1}{2}$						$131\frac{1}{2}$

如表10-8所示，1939年1月23日，美国钢铁和伯利恒钢铁的价格均记录在“下降趋势”栏，请参见规则说明5（2）。

1939年1月31日，美国钢铁和伯利恒钢铁的价格记录在“自然回升”栏内，请参见规则说明6（3）和4（3）。

译者解读

从1939年1月23日至1月26日：下降趋势，最低点$53\frac{1}{4}$。

从1939年1月26日至3月9日（见表10-9）：自然回升，最高点$65\frac{1}{2}$。

如表10-9所示，1939年3月16日，美国钢铁和伯利恒钢铁的价格均记录在“自然回撤”栏，请参见规则说明6（2）。

1939年3月30日，美国钢铁的价格记录在“下降趋势”栏，因为该价格低于“下降趋势”栏内先前记录的最后一个价格。

1939年3月31日，伯利恒钢铁的价格记录在“下降趋势”栏，因为该价格低于“下降趋势”栏内先前记录的最后一个价格。

1939年4月15日，美国钢铁和伯利恒钢铁的价格均记录在“自然回升”栏，请参见规则说明6（3）。

译者解读

从1939年3月9日至3月22日：自然回撤，最低点$53\frac{1}{2}$。

从1939年3月22日至4月11日：下降趋势，最低点$44\frac{3}{8}$（关键点）。

从1939年4月11日至4月15日：自然回升，最高点50（关键点）。

表10-8 1939年1月23日—3月7日数据记录

时间	次级回升	自然回升	上升趋势	下降趋势	自然回撤	次级回撤	次级回升	自然回升	上升趋势	下降趋势	自然回撤	次级回撤	次级回升	自然回升	上升趋势	下降趋势	自然回撤	次级回撤
			71 1/4						77 5/8						148 7/8			
					61						68 3/4						129 3/4	
		70							80						150			
1939						62						69 1/2						131 1/2
日期			美国钢铁							伯利恒钢铁					组合价格			
1月23				57 7/8						63 3/4						121 5/8		
24				56 1/2						63 1/4						119 3/4		
25				55 5/8						63						118 5/8		
26				53 1/4						60 1/4						113 1/2		
27																		
周六28																		
30																		
31		59 1/8						68 1/2						128				
2月1																		
2		60												128 1/2				
3																		
周六4		60 5/8						69						129 5/8				
6								69 7/8						130 3/4				
7																		
8																		
9																		
10																		
周六11																		
14																		
15																		
16								70 3/4						131 5/8				
17		61 1/8						71 1/4						132 3/8				
周六18		61 1/4												132 1/2				
20																		
21																		
23																		
24		62 1/4						72 3/8						134 5/8				
周六25		63 3/4						74 3/4						138 1/2				
27																		
28		64 3/4						75						139 3/4				
3月1																		
2																		
3		64 7/8						75 1/4						140				
周六4								75 1/2						140 3/8				
6																		
7																		

表10-9　1939年3月8日—4月19日数据记录

时间	次级回升	自然回升	上升趋势	下降趋势	自然回撤	次级回撤	次级回升	自然回升	上升趋势	下降趋势	自然回撤	次级回撤	次级回升	自然回升	上升趋势	下降趋势	自然回撤	次级回撤
				53 1/4						60 1/4						113 1/2		
1939		64 7/8						75 1/2						140 3/8				
日期			美国钢铁						伯利恒钢铁						组合价格			
3月8		65												140 1/2				
9		65 1/2						75 7/8						141 3/8				
10																		
周六11																		
13																		
14																		
15																		
16					59 5/8						69 1/4						128 7/8	
17					56 3/4						66 3/4						123 1/2	
周六18					54 3/4						65						119 3/4	
20																		
21																		
22					53 1/2						63 5/8						117 1/8	
23																		
24																		
周六25																		
27																		
28																		
29																		
30				52 1/8							62						114 1/8	
31				49 7/8						58 3/4						108 5/8		
4月 周六1																		
3																		
4				48 1/4						57 5/8						105 7/8		
5																		
6				47 1/4						55 1/2						102 3/4		
周六8				44 7/8						52 1/2						97 3/8		
10																		
11				44 3/8						51 5/8						96		
12																		
13																		
14																		
周六15		50						58 1/2						108 1/2				
17																		
18																		
19																		

如表10-10所示，1939年5月17日，美国钢铁和伯利恒钢铁的价格均记录在“自然回撤”栏。5月18日，美国钢铁的价格记录在“下降趋势”栏，请参见规则说明6（5）。5月19日，伯利恒钢铁“下降趋势”栏内的数字下方画了一条红线，表示其最新价格和“下降趋势”栏内最后记录的价格相同。

1939年5月25日，美国钢铁和伯利恒钢铁的价格均记录在“次级回升”栏，请参见规则说明6（7）。

译者解读

从1939年4月20日至5月17日：自然回撤，最低点$44\frac{5}{8}$。

从1939年5月17日至5月18日：下降趋势，最低点$43\frac{1}{4}$。

从1939年5月18日至5月27日：次级回升，最高点$49\frac{3}{8}$。

从1939年5月27日至5月31日：自然回升，最高点$50\frac{7}{8}$。

5月18日的最低点和31日的最高点分别向下和向上稍稍拓展了下降趋势调整阶段的波动范围。

表10-10 1939年4月20日—6月1日数据记录

时间	次级回升	自然回升	上升趋势	下降趋势	自然回撤	次级回撤	次级回升	自然回升	上升趋势	下降趋势	自然回撤	次级回撤	次级回升	自然回升	上升趋势	下降趋势	自然回撤	次级回撤
				44 3/8						51 5/8						96		
1939		50						58 1/2						108 1/8				
日期			美国钢铁						伯利恒钢铁						组合价格			
4月20																		
21																		
周六22																		
24																		
25																		
26																		
27																		
28																		
周六29																		
5月1																		
2																		
3																		
4																		
5																		
周六6																		
8																		
9																		
10																		
11																		
12																		
周六13																		
15																		
16																		
17					44 5/8						52						96 5/8	
18				43 1/4												95 1/4		
19																91 7/8		
周六20																		
22																		
23																		
24																		
25	48 3/4						57 3/4						106 1/2					
26	49						58						107					
周六27	49 3/8												107 7/8					
29		50 1/4						59 3/8						109 5/8				
31		50 7/8						60						110 7/8				
6月1																		

如表10-11所示，1939年6月16日，伯利恒钢铁的价格记录在“自然回撤”栏，请参见规则说明6（2）。

1939年6月28日，美国钢铁的价格记录在“自然回撤”栏，请参见规则说明6（2）。

1939年6月29日，伯利恒钢铁的价格记录在“下降趋势”栏，因为该最新价低于“下降趋势”栏内最后记录的价格。

1939年7月13日，美国钢铁和伯利恒钢铁的价格均记录在“次级回升”栏，请参见规则说明6（7）。

译者解读

从1939年5月31日至6月30日：自然回撤，最低点$43\frac{5}{8}$。

从1939年6月30日至7月17日：次级回升，最高点$50\frac{3}{4}$（见表10-12）。

表10-11　1939年6月2日—7月14日数据记录

时间	次级回升	自然回升	上升趋势	下降趋势	自然回撤	次级回撤	次级回升	自然回升	上升趋势	下降趋势	自然回撤	次级回撤	次级回升	自然回升	上升趋势	下降趋势	自然回撤	次级回撤
				44 3/8						51 5/8						96		
		50						58 1/2						108 1/2				
				43 1/4												94 7/8		
1939		50 7/8						60						110 7/8				
日期			美国钢铁						伯利恒钢铁						组合价格			
6月2																		
周六3																		
5																		
6																		
7																		
8																		
9																		
周六10																		
12																		
13																		
14																		
15																		
16											54							
周六17																		
19																		
20																		
21																		
22																		
23																		
周六24																		
26																		
27																		
28					45						52 1/2						99 1/2	
29					43 3/4					51						94 3/4		
30					43 5/8					50 1/4						93 1/8		
周六7月1																		
3																		
5																		
6																		
7																		
周六8																		
10																		
11																		
12																		
13	48 1/4						57 1/4						105 1/2					
14																		

如表10-12所示，1939年7月21日，伯利恒钢铁的价格记录在“上升趋势”栏。7月22日，美国钢铁的价格记录在“上升趋势”栏，请参见规则说明5（1）。

1939年8月4日，美国钢铁和伯利恒钢铁的价格记录在“自然回撤”栏，请参见规则说明4（1）。

1939年8月23日，美国钢铁的价格记录在“下降趋势”栏，因为该最新价格低于“下降趋势”栏内先前记录的最后价格。

译者解读

从1939年7月17日至7月21日：自然回升，最高点$52\frac{1}{2}$。

从1939年7月21日至7月25日：上升趋势，最高点$55\frac{1}{8}$。

从1939年7月25日至8月21日：自然回撤，最低点$43\frac{3}{8}$。

从1939年8月21日至8月24日：下降趋势，最低点$41\frac{5}{8}$。

表10-12　1939年7月15日—8月25日数据记录

时间	次级回升	自然回升	上升趋势	下降趋势	自然回撤	次级回撤	次级回升	自然回升	上升趋势	下降趋势	自然回撤	次级回撤	次级回升	自然回升	上升趋势	下降趋势	自然回撤	次级回撤
				43 1/4						51 5/8						94 7/8		
		50 7/8						60						110 7/8				
					43 5/8					50 1/4						93 7/8		
1939	48 1/4						57 1/4						105 1/2					
日期			美国钢铁						伯利恒钢铁						组合价格			
周六7月15																		
17	50 3/4							60 3/8						111 1/8				
18		51 7/8						62						113 7/8				
19																		
20																		
21		52 1/2							63					115 1/2				
周六22			54 1/8						65						119 1/8			
24																		
25			55 1/8						65 3/4						120 7/8			
26																		
27																		
28																		
周六29																		
31																		
8月1																		
2																		
3																		
4					49 1/2						59 1/2						109	
周六5																		
7					49 1/4												108 3/4	
8																		
9											59						108 1/4	
10					47 3/4						58						105 3/4	
11					47												105	
周六12																		
14																		
15																		
16																		
17					46 1/2												104 1/2	
18					45						55 1/8						100 1/8	
周六19																		
21					43 3/8						53 3/8						96 3/4	
22																		
23				42 5/8													96	
24				41 5/8							51 7/8					93 1/8		
25																		

如表10-13所示，1939年8月29日，美国钢铁和伯利恒钢铁的价格均记录在“自然回升”栏，请参见规则说明6（4）。

1939年9月2日，美国钢铁和伯利恒钢铁的价格均记录在“上升趋势”栏，因为它们的最新价格均高于“上升趋势”栏内先前记录的最后价格。

1939年9月14日，美国钢铁和伯利恒钢铁的价格均记录在“自然回撤”栏，请参见规则说明6（1）和4（1）。

1939年9月19日，美国钢铁和伯利恒钢铁的价格均记录在“自然回升”栏，请参见规则说明6（4）。

1939年9月28日，美国钢铁和伯利恒钢铁的价格均记录在“次级回撤”栏，请参见规则说明6（8）。

1939年10月6日，美国钢铁和伯利恒钢铁的价格均记录在“次级回升”栏，请参见规则说明6（7）。

译者解读

从1939年8月24日至9月1日：自然回升，最高点52。

从1939年9月1日至9月12日：上升趋势，最高点$82\frac{3}{4}$。

从1939年9月12日至9月18日：自然回撤，最低点$70\frac{1}{2}$。

从1939年9月18日至9月20日：自然回升，最高点$80\frac{5}{8}$。

从1939年9月20日至10月4日：次级回撤，最低点73。

从1939年10月4日至10月18日：次级回升，最高点$79\frac{1}{4}$（见表10-14）。

表10-13　1939年8月26日—10月7日数据记录

时间	次级回升	自然回升	上升趋势	下降趋势	自然回撤	次级回撤	次级回升	自然回升	上升趋势	下降趋势	自然回撤	次级回撤	次级回升	自然回升	上升趋势	下降趋势	自然回撤	次级回撤
				43 1/4						50 1/4						93 7/8		
			55 1/8						65 3/4						120 7/8			
											51 7/8					93 1/2		
1939				41 5/8														
日期			美国钢铁						伯利恒钢铁						组合价格			
周六8月26																		
28																		
29		48						60 1/2						108 1/2				
30																		
31																		
9月1		52						65 1/2						117 1/2				
周六2			55 1/4						70 3/8						125 5/8			
5			66 7/8						85 1/2						152 3/8			
6																		
7																		
8			69 3/4						87						156 3/4			
周六9			70						88 3/4						158 3/4			
11			78 5/8						100						178 5/8			
12			82 3/4												182 3/4			
13																		
14					76 3/8						91 3/4						168 1/8	
15																		
周六16					75 1/2						88 3/8						163 7/8	
18					70 1/2						83 3/4						154 1/4	
19		78						92 3/8						170 3/8				
20		80 5/8						95 3/8						176 1/4				
21																		
22																		
周六23																		
25																		
26																		
27																		
28						75 1/8						89						164 1/8
29						73 1/2						86 3/4						160 1/2
周六30																		
10月2																		
3																		
4						73						86 1/4						159 1/4
5																		
6	78 1/2						92 3/4						171 1/4					
周六7																		

如表10-14所示，1939年11月3日，美国钢铁的价格记录在“次级回撤”栏，因为该最新价格低于该栏内先前记录的最后价格。

1939年11月9日，美国钢铁的“自然回撤”栏内填入了一条短横线，因为该最新价格和“自然回撤”栏内先前记录的最后价格相同。同一天，伯利恒钢铁的价格记录在“自然回撤”栏，因为该最新价格低于该栏内先前记录的最后价格。

译者解读

从1939年10月18日至11月8日，次级回撤，最高点$72\frac{1}{8}$。

从1939年11月8日至11月10日：自然回撤，最低点$68\frac{3}{4}$。

如表10-15所示，1939年11月24日，美国钢铁的价格记录在“下降趋势”栏，请参见规则说明5（2）。11月25日，伯利恒钢铁的价格记录在“下降趋势”栏，请参见规则说明5（2）。

1939年12月7日，美国钢铁和伯利恒钢铁的价格均记录在“自然回升”栏，请参见规则说明6（3）。

译者解读

从1939年11月10日至11月30日：下降趋势，最低点$63\frac{5}{8}$。

从1939年11月30日至12月7日：自然回升，最高点$69\frac{3}{4}$（见表10-15）。

表10-14　1939年10月9日—11月22日数据记录

时间	次级回升	自然回升	上升趋势	下降趋势	自然回撤	次级回撤	次级回升	自然回升	上升趋势	下降趋势	自然回撤	次级回撤	次级回升	自然回升	上升趋势	下降趋势	自然回撤	次级回撤
			$82\frac{3}{4}$						100						$182\frac{3}{4}$			
					$70\frac{1}{2}$						$83\frac{3}{4}$						$154\frac{1}{4}$	
		$80\frac{5}{8}$						$95\frac{5}{8}$						$176\frac{1}{4}$				
						73						$86\frac{1}{4}$						$159\frac{1}{4}$
1939	$78\frac{1}{2}$						$92\frac{3}{4}$						$171\frac{1}{4}$					
日期			美国钢铁						伯利恒钢铁						组合价格			
10月9																		
10																		
11																		
13																		
周六14																		
16																		
17	$78\frac{7}{8}$						$93\frac{7}{8}$						$172\frac{3}{4}$					
18	$79\frac{1}{4}$												$173\frac{1}{8}$					
19																		
20																		
周六21																		
23																		
24																		
25																		
26																		
27																		
周六28																		
30																		
31																		
11月1																		
2																		
3						$72\frac{1}{2}$												
周六4																		
6																		
8						$72\frac{7}{8}$						$86\frac{1}{8}$						$158\frac{1}{4}$
9					—						$83\frac{1}{4}$						$153\frac{3}{4}$	
10					$68\frac{3}{4}$						$81\frac{3}{4}$						$150\frac{1}{2}$	
13																		
14																		
15																		
16																		
17																		
周六18																		
20																		
21																		
22																		

表10-15　1939年11月24日—1940年1月6日数据记录

时间	次级回升	自然回升	上升趋势	下降趋势	自然回撤	次级回撤	次级回升	自然回升	上升趋势	下降趋势	自然回撤	次级回撤	次级回升	自然回升	上升趋势	下降趋势	自然回撤	次级回撤
			82 3/4						100						182 3/4			
					70 1/2						83 3/4						154 1/4	
		80 5/8						95 5/8						176 1/4				
1939					68 3/4						81 3/4						150 1/8	
日期			美国钢铁						伯利恒钢铁						组合价格			
11月24				66 7/8							81					147 7/8		
周六25										80 3/4						147 5/8		
27																		
28																		
29				65 7/8						78 1/8						144		
30				63 5/8						77						140 5/8		
12月1																		
周六2																		
4																		
5																		
6																		
7		69 3/4						84						153 3/4				
8																		
周六9																		
11																		
12																		
13																		
14								84 7/8						154 5/8				
15																		
周六16																		
18																		
19																		
20																		
21																		
22																		
周六23																		
26																		
27																		
28																		
29																		
周六30																		
1940 1月2																		
3																		
4																		
5																		
周六6																		

如表10-16所示，1940年1月9日，美国钢铁和伯利恒钢铁的价格均记录在“自然回撤”栏，请参见规则说明6（2）。

1940年1月11日，美国钢铁和伯利恒钢铁的价格均记录在“下降趋势”栏，因为它们的最新价格均低于“下降趋势”栏内先前记录的最后价格。

1940年2月7日，伯利恒钢铁的价格记录在“自然回升”栏，这是第一次该股票上冲的幅度达到了要求的6点。2月8日，美国钢铁和伯利恒钢铁以及它们组成的组合价格一道，三者的最新价格均记录在“自然回升”栏，后者上冲的幅度已经达到了合适距离，因此可用于记录。

译者解读

从1939年12月7日至1940年1月10日：自然回撤，最低点$63\frac{3}{4}$。

从1940年1月10日至1月22日：下降趋势，最低点$55\frac{7}{8}$。

从1940年1月22日至2月9日：自然回升，最高点$61\frac{3}{4}$。

从1940年2月9日至2月16日：自然回撤，最低点$56\frac{1}{8}$。

表10-16　1940年1月8日—2月19日数据记录

时间	次级回升	自然回升	上升趋势	下降趋势	自然回撤	次级回撤	次级回升	自然回升	上升趋势	下降趋势	自然回撤	次级回撤	次级回升	自然回升	上升趋势	下降趋势	自然回撤	次级回撤
				$63\frac{5}{8}$						77						$140\frac{5}{8}$		
1940		$69\frac{3}{4}$						$84\frac{7}{8}$						$154\frac{5}{8}$				
日期			美国钢铁						伯利恒钢铁						组合价格			
1月8																		
9					$64\frac{1}{4}$						$78\frac{1}{2}$						$142\frac{3}{4}$	
10					$63\frac{3}{4}$												$142\frac{1}{4}$	
11				62						$76\frac{1}{2}$						$138\frac{1}{2}$		
12				$60\frac{1}{8}$						$74\frac{1}{8}$						$134\frac{1}{4}$		
周六13				$59\frac{5}{8}$						$73\frac{1}{2}$						$133\frac{1}{8}$		
15				$57\frac{1}{2}$						72						$129\frac{1}{2}$		
16																		
17																		
18				$56\frac{7}{8}$						$71\frac{1}{2}$						$128\frac{3}{8}$		
19										71						$127\frac{7}{8}$		
周六20																		
22				$55\frac{7}{8}$						$70\frac{1}{8}$						126		
23																		
24																		
25																		
26																		
周六27																		
29																		
30																		
31																		
2月1																		
2																		
周六3																		
5																		
6																		
7								$76\frac{3}{8}$										
8		61						78						139				
9		$61\frac{3}{4}$						$79\frac{1}{2}$						$141\frac{1}{4}$				
周六10																		
13																		
14																		
15																		
16					$56\frac{1}{8}$													
周六17																		
19																		

附　录

美国学者总结的利弗莫尔交易法则

美国学者理查德·斯密特对利弗莫尔的交易法则深有研究，他认为，一个成功的投机者必须时刻学习以下三点。

（1）入场时机。

（2）资金管理。

（3）情绪控制。

这三点具体包含了一些杰西·利弗莫尔根据多年经验总结的原则，具体如下。

把握市场时机的原则

原则一：通过“等待时机”，而不是冥思苦想的方式来进行交易。

原则二：只有当所有的风险因素都有利于你的时候，才进行交易。不必时时刻刻都参与市场，有些时候应该完全离场。

原则三：如果一个人犯了错误，赶快止损吧，不要犹豫。当股票跌破你的心理止损位时，就立即平仓吧。

原则四：股票的表现经常像人一样，会有不同的个性。研究股票就像是在研究人，你可以用来把握股票波动的时机。

原则五：买股票不要嫌价格太高，卖空不要嫌价格太低，关键是要合适。

原则六：如果你遇到了一个清空一大笔流动性差的头寸的机会，但是你没有把握住，那么，这将是一个代价高昂的错误。

原则七：如果你幸运地在股市中遇到了一个赚钱的良机，却没有把握住，那么这也是一个错误。

原则八：你应该等待市场给出确认的信号，千万不要跟行情对抗，应该遵循最小阻力线，交易要有依据。

原则九：千万不要花太多时间去寻找推动某只股票价格波动的真正原因。相反，你应该密切留意盘口。

原则十：股票可能上涨，可能下跌，也可能盘整。不论上涨还是下跌，你都能够赚到钱——你可以买入，也可以做空。你不能带着个人情绪来做交易。当市场开始盘整，而你理不出头绪的时候，就放假休息一下吧。

原则十一：你要留意一种危险信号——一日反转。这个交易日的高点要高于前日的高点，但是收盘价又低于前日的收盘价，同时当日成交量大于前日。遇到这种情况，你就得小心了！

原则十二：如果股票的走势跟你的预期相反，那么就赶紧出手卖出。因为这个事实说明你的判断是错误的，尽快止损为妙。

原则十三：等待，耐心等待，直到所有的风险要素都对你有利，再进行交易。

原则十四：你应该仔细研究那些价格突然下挫的股票，这些股票此时走出了一根陡峭的阴线。如果股票没有迅速反弹，那么很有可能它将会跌得更多。

原则十五：股票的波动依据是未来，股价已经充分地考虑到了现在的种种因素。

原则十六：真正的买点或者卖点的信号是突破关键价位①，这个时候趋势刚刚逆转，一波新的行情即将发动。只有抓住这种时机，你才能够赚最多的钱。

原则十七：关键价位是一种特别好用的判断入场时机的工具，它能够揭示何时应该入场，何时应该离场。

原则十八：在一波牛市的尾部，你要观察股票的市值究竟有多疯狂。好的股票的市盈率可能达到30倍、40倍、50倍甚至60倍，但它们正常情况下的市盈率通常只有8~12倍。

原则十九：有时候，一只股票上涨根本就没有什么好理由，纯粹是因为外界投机，很多人都在跟风，以为这是市场的宠儿。

原则二十："创新高"是非常重要的时机点。多数人看到股票出现新高的第一反应就是立刻平仓，再去投资其他更便宜的股票。这个做法是错的。

---

① 利弗莫尔指出，市场上有两种关键价位，一种是反转关键价位，即"一波大的市场行情的起点，趋势由此发生转变"，它意味着行情的方向确实改变了。另一种是"延续关键价位"，它确认了之前的行情将延续下去——之前的盘整是为了下一波大幅上涨。但投资者还是要小心，因为关键价位往往伴随着成交量的大幅放大。

从宏观到微观进行交易的原则——关注市场大趋势

原则一：在进行交易之前，投机者必须了解现在的整个大势——也就是市场的最小阻力线。你应该跟随趋势，随风而行，千万不要逆市操作，跟市场争执。

原则二：板块的运动是把握时机的关键——当股票波动的时候，它们绝对不会单独行动。

原则三：只交易强势板块中的强势股票。

原则四：仔细观察股票市场的“领头羊”，也就是那些在牛市中引领大盘上涨的股票。随着“领头羊”的转向，整个大势也即将转向。

原则五：在研究市场动向的时候，只去关注当天的热点，即那些“领头羊”。

原则六：为防范股票走势跟你对着干，因此你在买股票之前必须先设定一个明确的止损点。更关键的是，在交易的过程中你必须严格按照止损点来执行。

原则七：一开始先用小头寸试单，看看你的判断是否正确，之后再不断加码。千万不要一次性建仓——用试单来确认判断和时机，同时找出最小阻力线。

原则八：如果出现“出人意料”的情况，交易员必须立刻做出反应。看到机会就抓住，出现坏消息就毫不犹豫地赶快清空自己的头寸。

原则九：在市场行情长时间的上涨之后，如果出现成交量放大，甚至出现大笔对敲①的时候，就一定要小心。

资金管理的原则

原则一：设置止损点，投机者应该明确，当行情发生逆转时股票的卖出时机。在一笔交易中，千万不要亏掉10%以上的本金。如果你亏掉了50%，你需要赚回100%才算回本。

原则二：千万不要追加保证金，更不要逆市加仓。

原则三：每隔一段时间就把账面盈利变现。把你的盈利中的一定比例从市场里提出来，放在一个安全的地方，比如存起来，或者买债券，或者买年金。记住：现金为王，过去是，将来也会是。

原则四：你必须仔细检查并理解时间的含义。耐心才是成功的关键，千万不要匆忙行事。

原则五：千万不要急。如果你不确定市场的走势，那么就待在场外，等下一波行情明朗之后再行动。

原则六：在满仓之前要试单。第一次买入你先建立整个头寸的20%，第二次再买20%，第三次再买20%，等到市场出现确认信号，证明你的判断正确无误，再买入你剩下的40%的头寸。你要把每一笔试单都当作建立完全头寸的重要一步。一旦股票在任何时候跟你唱反调，就赶快将所有头寸平仓，千万不要让自己的损失超过投资本金的10%。

原则七：将亏损的股票卖掉。如果所有的风险因素都对你有

---

① 对敲：指同一投资人用不同账户同时大笔买入和卖出的行为。利弗莫尔认为，这是上涨趋势即将见顶的红色警报。同时，这也可能反映了股票正在从庄家手里砸给散户，从专业投机客那里转移到一般社会大众手里，从不断吸筹的阶段转向不断出货的阶段。公众通常认为这种放量是交投活跃的标志，是一个健康的市场正在经历正常的回调，他们天真地认为市场的顶点或者底部尚未到来。

利，就让赚钱的股票继续奔跑。

情绪控制的原则

原则一：情绪控制是在股票市场中生存最关键的因素。

原则二：预判是成功的克星，千万不要把决定建立在预判之上。等待，直到市场给你信号，让你看到蛛丝马迹，这个时候你再行动不迟。

原则三：所有的股票都有自己的个性。在特定的情况下，这些股票的反应是可以估计出来的。一些交易员只在一只股票的特定价格范围之内交易。

原则四：千万不要花太多时间去找出一只股票价格波动的具体原因。相反，你需要看清楚价格是怎么波动的。

原则五：一个股票交易员经常会因为听了别的交易员的意见而改变自己之前的看法。听别人的意见经常会导致交易员犹豫不决，判断失误，从而丧失信心。

原则六：切记，所有小道消息都是非常危险的，所以最好不要去打听小道消息！

原则七：希望股价按照自己的意愿运行其实是一种赌博。如果你没有充分的理由去坚定持有某一只股票，那么还是不要在这棵树上吊死，去交易你更加理解的股票吧。

原则八：必须时刻留心你的情绪——千万不要因为赚了钱就扬扬自得，或者因为亏了钱就非常沮丧。

原则九：市场的根本规则从来不会改变，唯一改变的就是市场参与者。

原则十：找到一种从情绪上和思维方式上跟你吻合的交易模式，并且坚持按照这种模式去交易，同时千万不要经常变更自己的计划。

原则十一：投机者不等同于“投资者”。投机者盈利的方式就是从股票价格的涨跌中投机获利。

原则十二：做好孤军奋战的思想准备。用自己的钱投资，就要自己做决定。你交易的时候要保密，不要到处跟别人说，也不要公开你赚的钱或者亏的钱。

原则十三：成功的投资者不会每时每刻都在市场面投资。很多时候，你应该完全清仓，持币观望。

原则十四：如果行情跟你对着干，千万不要情绪失控。行情说什么就是什么，要跟行情保持和谐。

原则十五：要想成为股票市场的超级交易员，你需要做好以下四点。

观察力——能不带偏见地观察市场行情。

记忆力——能客观准确地记住发生过的重大事件。

计算能力——对数字敏感，跟数字打交道的感觉非常舒服。

要有经验——能够吸取教训，从过往经验中学习。

原则十六：你必须了解和控制自己的情绪，这样才有可能投机成功。

原则十七：要随时当心自己的无知——你必须不断地研究和学习市场，不要马马虎虎，而是要深入进去，做到学富五车。

原则十八：股市里没有什么显而易见的事情。股市的存在就是为了在绝大多数时候愚弄绝大多数的人。

原则十九：有些时候，你就应该待在场外，这可能是因为你没办法控制情绪，也可能是因为经济上的原因。

原则二十：如果行情走势跟你买入卖出的决定不相吻合，那么就等待一下，直到你的决定与它“吻合”为止。千万不要歪曲行情，自欺欺人，给自己的头寸找借口。

原则二十一：不要接受或者传播小道消息，你要记住：“在牛市中股票都会上涨，在熊市中股票都会下跌。这就是人们应该了解的所有消息，你也可以这样告诉那些向你询问消息的人。”

原则二十二：一个股票投机者可能会时常犯错，所以我们不应该违反自己的交易规则。

原则二十三：千万不要坚持持有下跌的股票，不要“炒股炒成股东”。

原则二十四：千万不要在股价回调的时候买入，不要在反弹的时候做空。

原则二十五：不要使用“熊市”或者“牛市”这样的词语。使用这些词语，你会在相当长的时间里在自己的脑海中留下一个固定的市场方向。相反，当别人问你股市的趋势时，你可以使用“上行通道”以及“下行通道”这样的词语。你可以简单地说：“此时此刻，最小阻力线要么往上，要么往下。”

原则二十六：投机也是一门生意，就像所有其他的生意一样，想要成功，就必须刻苦努力，非常勤奋才行。